秦

主編　李樹芬

　　　　譚海芳

編寫　傅亦武

中華書局

致讀者

隨着社會的飛速發展，傳遞信息的報紙品種也越來越多，林林總總、琳琅滿目，但現代人看到和聽到的信息很多，反倒不覺得新鮮了。不過，古代發生的好玩兒的，有意思的事兒，現代人沒有親歷過，如果從當事人的嘴裏說出來，會不會覺得很有趣呢？

其實，古時候和現在一樣，也有很多「新聞」。那時的調皮小孩也會逃學、打架、捉迷藏、玩遊戲。只是那些事情離我們漸漸遠去，很少有人對現在的你講起。歷史課上，老師要我們背誦的只是一些枯燥乏味的年代、數字、人名和名詞解釋，諸如唐朝於618年建立，在907年滅亡；老師只關心我們能否把唐太宗的豐功偉績背得滾瓜爛熟，在答卷上得個高分。可有誰知道那些好玩兒的事兒呢？例如，在唐朝，唐太宗最愛「照鏡子」、第一大美女竟胖得像水桶、皇帝有個野蠻女友；在明朝，大臣可以在皇帝面前打群架、皇帝有私人警察 —— 錦衣衛、太監竟把皇帝賣給了敵國……

現在，這些趣事都作為新聞登在了《中國歷史報》上。

《中國歷史報》每個朝代都有一份，每份都報道名人的趣事、歷史上發生的新鮮事兒、皇帝鮮為人知的家長里短、宮廷裏的鈎心鬥角，以及一些令人難解的歷史謎團……

《中國歷史報》上還有一些有趣的小欄目：「新聞快報」「記者述評」「娛樂八卦」「廣而告之」「百姓生活」……

可不要小瞧《中國歷史報》的編輯和記者們，他們都是每個朝代的名人呢！他們會給我們帶來最真實、最詳盡的新聞和報道。當然，《中國歷史報》也會刊登小讀者和普通老百姓的來稿。所有的新聞都來自「第一現場」，根據「第一手資料」得來。這些新聞每一則都風趣幽默，能引得讀者開懷大笑，因為《中國歷史報》編輯部的辦刊宗旨就是：把歷史事件寫成好玩兒的故事，容易理解、便於記憶，以喚起小讀者對學習歷史的興趣。

　　有趣的歷史故事都彙集在《中國歷史報》中，走進這個熟悉又陌生、令人驚奇又發人深思的歷史世界，你將感到無窮的快樂。

　　《中國歷史報》真是一份好看的報紙。好看在哪裏？它把歷史寫成了新聞。這樣一來可不得了，大臣成了爆料人，皇帝成了八卦對象，戰爭上了快訊，大事有了深度報道，拗口的專有名詞則化身為「時政辭典」裏推廣普及的熱詞⋯⋯一句話，嚴肅到近乎沉悶的歷史一下子緊張活潑起來，充滿了新聞激動人心的特質。想想看吧，大名鼎鼎的趙武靈王做訪談嘉賓，和你一起聊聊穿胡服的好處，都江堰的驗收報告上了科技資訊，陰謀家呂不韋現身說法，來和你談風險投資，賢良的長孫皇后、和親的文成公主、孝順的晉陽公主都榮登大唐耀眼女性榜，翰林院的大臣們還為此搞了一個特別策劃，在「婦女節」集中報道⋯⋯你見過這麼有趣的歷史嗎？

　　有趣可不是《中國歷史報》的唯一好處。它的第二個好處是可靠。就像我們今天看新聞，誰都知道負責任的媒體和娛樂小報大不相同，看古代的新聞，更是容不得為博眼球而胡編亂造。在可信度上，《中國歷史報》絕對屬於負責任的媒體。它一共八本，按時代先後分成先秦、秦、兩漢、三國兩晉南北朝、隋唐五代十國、宋元、明、清八部分，每本書裏講什麼、怎麼講，可都經過了編者的精心安排。怎麼安排呢？第一原則是突出時代主題。比如秦朝這一本，它由七大部分組成，第一部分變法圖強，第二部分合縱連橫，第三部分橫掃六合，第四部分千古一帝，第五部分揭竿起義，第六和第七部分都是楚漢爭雄。把目錄讀下來你就會發現，這不正是從戰國開始一直到秦朝滅亡的歷史進程嗎？變法圖強讓秦國強大，合縱連橫則是因為秦國強勢而產生的激烈外交鬥爭，橫掃六合是秦國

的統一歷程，千古一帝則對應着秦國變為秦朝這一千古變局和秦始皇的巨大成就，揭竿起義是秦末危機，而楚漢爭雄則對應着在諸侯滅秦的基礎上如何建立新時代。翻開書目，歷史大勢就已經躍然紙上，時代特質也了然於胸，這樣的歷史讀物，可比那些專講奇聞異事的書籍強多了。

除了突出時代主題之外，《中國歷史報》還力求全面反映時代風貌。以往的歷史書不都是政治主導嗎？《中國歷史報》的眼光可要開闊得多。就拿第一章變法圖強舉例子吧，除了三家分晉，各國變法之外，竟然把河伯娶媳婦、扁鵲見齊桓侯、鄒忌諷齊王納諫等故事也都寫了進去。要知道，這可不是一般的小故事，它對應着地方治理、醫學進步和謀臣縱橫這樣的大主題。舉重若輕，讓人在妙趣橫生之中長了見識。

每種書當然都有它的預期讀者。《中國歷史報》的第三個好處就是定位清晰。什麼定位呢？中小學生。價值導向考慮中小學生，表達方式貼近中小學生，欄目設置向中小學生傾斜，還有知識測試來檢查中小學生們的讀報成果⋯⋯不拔高，不降低，不長不短不肥不瘦，恰如量身定做。有了這種量身定做的態度，中小學生讀者們就不至於有閱讀成人讀物的違和感啦。確實，如今嚴肅的歷史書不大討中小學生喜歡，通俗的歷史讀物又往往是寫給成年人的，雖然好看，但是內容設定、寫作風格乃至價值判斷都未必適合未成年人，這樣的讀物拿給孩子看，家長們難免惴惴不安吧。如今，《中國歷史報》回應社會需求，專門打造一套適合青少年閱讀的歷史普

及讀物，算是特別的愛給特別的你，想想看，是不是有很貼心的感覺？

歷史講的是過去的事情，但它永遠面向未來。孩子當然是不折不扣屬於未來的，但他們和她們，也都繼承着來自祖先的古老基因，無論是血統，還是文化。歷史是土壤，孩子是花朵。土壤是花朵生存的養料，花朵是土壤存在的意義。那《中國歷史報》呢？希望它成為花朵和土壤聯繫的紐帶吧！

蒙曼

1 變法圖強

前四七〇年～前三三八年

2 合縱連橫

前三三八年～前二七八年

3 橫掃六國

前二七八年～前二二一年

4 千古一帝

前二二一年～前二一〇年

5 揭竿起義

前二一〇年～前二〇六年

6 楚漢爭雄（上）
前二〇六年～前二〇四年

7 楚漢爭雄（下）

前 204 年～前 202 年

變法圖強

前四七〇年～前三三八年

◎ 強大的晉國一衰落，就被掌權的大臣分成了三個國家。大周天子是怎麼看的？

◎ 國君改姓，江山易主，齊國的大臣登上了寶座，百姓們會同意嗎？

◎ 天下共主的周分裂為西周、東周，後來西周又分裂為兩周，而周天子成為寄人籬下的可憐蟲？

◎ 諸侯們都想變得更強大，他們會想出什麼辦法來呢？

◎ 小國被大國吞併，大國之間爭戰不斷。七雄並立的局面是如何形成的？請看本報第一期「變法圖強」。

趙毋恤的絕地反擊

　　號外！號外！晉國頭號大臣智伯聯合韓、魏兩家討伐趙家。坐困孤城兩年之久的毋恤（即後人所稱的趙襄子）巧施妙計，成功說服韓、魏兩家一起對付智伯，戰事已實現大逆轉。

　　春秋末期，晉國公室權力衰落，卿大夫專擅朝政，且相互爭鬥。晉哀公二年（前 455 年），智伯倚仗自己勢力大，便向韓氏、趙氏、魏氏三家索取土地。韓家、魏家被迫同意了，而趙家卻堅決不給。智伯很惱火，叫上韓虎和魏駒一同發兵攻打趙家，並允諾說成功之後，趙家的土地由三家平分。

　　趙毋恤寡不敵眾，帶着兵馬退到晉陽（今山西省太原市）。晉陽城是趙家的大本營，非常堅固，聯軍包圍起來打了幾個月也沒能取勝。最後，陰險的智伯派人挖開晉河，讓大水直灌晉陽城。

　　可是晉陽城裏，上自趙毋恤，下到老百姓，都誓不投降。這樣堅持了兩年，城裏很多房子塌了，糧食也快吃完了，士兵們還有不少生病的。趙毋恤非常憂愁，和大臣們商量對策。大家認為，韓、魏兩家同智家並不是真心合作，可以爭取他們過來一同對付智家。趙毋恤同意了。

　　恰好這時，智伯同韓虎、魏駒一起察看水勢。智伯得意地說：「我根本不用派兵攻打，就能用晉水消滅趙家。」韓、魏兩人早就憋着一肚子怨氣，聽了這話更是心驚肉跳，馬上想到汾水也能淹安邑（魏家的大本營）、絳水也能淹平陽（韓家的大本營）啊！他們怕智伯接下來要對付自己，於是同意了與趙家合作的要求。

　　在智伯得意地做着佔領趙家的美夢時，韓、趙、魏三家突然聯手發起攻擊，將其活捉了。智家人被殺得一乾二淨，土地也被韓、趙、魏三家瓜分了。

（《晉國日報》特約記者　趙毋恤家臣張孟談）

又多了三個諸侯國

我是堂堂大周天子。今天，晉國的韓虔（音同前）、趙籍、魏斯三位大夫同時派人來，向我呈上了三份幾乎一模一樣的報告，要求正式任命他們為諸侯。

自從韓、趙、魏聯手滅了智伯以後，晉國實際上已經是他們三家的天下了。晉公姬柳剛上任那年（前437年），三家欺負他軟弱，把原先屬於晉的土地分了，只給晉公留下兩座小城。雖然三家名義上還是晉國的大臣，晉公還是國君，但逢年過節時這個可憐的國君還要主動去給大臣拜年送禮。對晉國的大事、小事，晉公連發表意見的權力都沒有。這國君不像國君，大臣不像大臣，成何體統？

想到晉國那位可憐的國君，我心裏也很不好受。其實我和他有什麼區別？我是大周朝的天子不假，可是有哪個大諸侯把我放在眼裏了？這時候的我，早已經是個空架子，根本管不了諸侯的事。他們來請封，只不過是履行一下合法手續罷了。既然這樣，我還不如順水推舟，把他們想要的給他們得了。

於是，我在三份報告上簽了大大的兩個字——「同意」，正式加封韓虔為韓侯、趙籍為趙侯、魏斯為魏侯。

從此，周朝又多了三個獨立的諸侯國。天知道這是好事還是壞事啊！

各國掀起改革熱潮

　　諸侯們都意識到，只有國家強大才會擁有更多的發言權，於是，以「變法」為主題的改革在各個諸侯國先後展開。

　　在新晉升為諸侯的魏國，執政官李悝（音同盔）推行的改革主張包括：把原先農田裏作為分界線的小路挖掉，種上莊稼，鼓勵開墾荒地，房前屋後、邊邊角角都種上五穀雜糧，最大限度地提高農產品的產量；政府按定價收購餘糧，遇到災荒時，再平價賣給農民；廢除官職世襲制，按功勞和對國家貢獻的大小封官。李悝還綜合了各國的法律條文，編制了一本《法經》，把這些制度用法律的形式規定下來。

　　吳起在楚國的改革主要包括：廢除貴族世襲制；大力推行法制建設，把不管事的職務和不幹事的官員都撤了；抓好財政工作，節約費用，加強國防軍隊建設；加高首都的城牆，提高防衛能力；關心百姓生活。

　　韓國的申不害主張法制，特別強調依法辦事，對大臣要進行考核，督促他們做好工作。他還認為國家富強的根本是解決糧食問題，所以特別注重農業生產。

　　此外，齊國的鄒忌、秦國的商鞅（音同央）、趙國的國君趙籍、燕國的子之等都是著名的改革家，在他們的推動下，這些國家的經濟、政治、軍事實力都有不同程度的提高。在這些大諸侯國的影響下，鄭、衛、越、宋、中山等小諸侯國也都推行過一些改革措施。

（轉載自《東周時事報》）

我不用嫁給河神了

編輯先生：

您好！

我是魏國鄴城（今河南省臨漳縣西）人，家在漳河邊上。每年春天，巫婆和鄉官們就要挑選一個漂亮姑娘，送給漳河的河神當老婆。據說如果不這麼辦，河神就會發大水，把我們的房屋田地都沖走。

今年春天，巫婆和鄉官跑到我家，說我就是今年的新娘子。全家人一聽頓時哭成一團 —— 河神娶了那麼多老婆，一個回娘家的都沒有。誰知道她們是真的當了河神夫人，還是被餵了魚蝦？

後來才知道，本來選中的新娘是村東頭的小芳。小芳她爹花了好多錢送給鄉官，就換成我了……這有什麼辦法呢？鄉官和巫婆每年就靠這事兒撈錢呢！

等到「出嫁」那一天，我的眼淚早已經哭乾了，像死人一樣被巫婆的徒弟裝扮好了送到河邊，坐在草席上就等着放下河了。這時突然聽見有人說：「來，讓我看看新娘子。」隨後，走過來一個穿着官服的男人，上上下下把我打量了一番，很嫌棄地說：「這新娘不好看，怎麼能配得上河神？麻煩巫婆去通報一聲，說我明天給他找個好看的。」話音剛落，兩個武士上來抓住巫婆，「撲通」一聲，把她扔到漳河裏去了。

在場的所有人都嚇壞了。我也突然醒過神來，心裏那個高興 —— 我不用嫁給河神啦！

巫婆在河裏掙扎了兩下就沉了下去，那個官爺恭恭敬敬地站在河邊等着。過了一會兒，他皺着眉頭說：「巫婆老了，辦事效率太差，派個年輕的去催一催。」然後又是「撲通」「撲通」兩聲響，巫婆的

兩個徒弟也被扔到了河裏。

在場的人都不敢說話。不久，那官爺又說：「女人太不會辦事了！現在還不回來，還是掌管教化的鄉官三老辛苦一下吧。」於是把三老扔到河裏去了。

過了好一陣，官爺又說：「這幾個人的效率好像也不怎麼樣，要不再派幾個去催催？」一聽這話，每年給河神操辦婚事的那些壞家夥嚇得一個個跪在地上直磕頭，把腦門子都磕出血來了。那位官爺好像很為難地說：「你們都不願意去，那這事兒還是改天再說吧。」

雖然是「改天再說」，可這位官爺似乎從此就把河神忘記了，天天領着老百姓修水壩、挖水渠，引來漳河水灌溉莊稼。說來也怪，今年沒給河神送新娘，漳河竟然沒有發大水，到了秋天，我們地裏的莊稼也獲得了好收成。

巫婆再也沒有從河神那裏回來，鄉官們也都不敢再提給河神娶媳婦的事兒了。這半年多是我長大後過得最輕鬆的日子。不光是我，所有的姑娘都不用擔驚受怕啦！

我很感激這個叫西門豹的官爺。他不但帶我們過上了好日子，還改變了我悲慘的命運啊！

魏國漳河灣村　張小花

×年×月×日

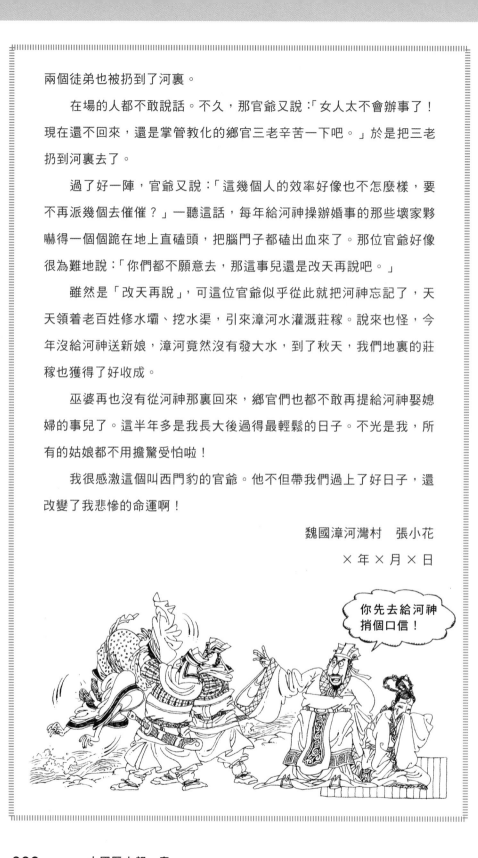

你先去給河神捎個口信！

國君不姓姜（特約嘉賓：田和）

今天，齊國的新任國君舉行了隆重的上任典禮。但是和以往的國君都姓姜有所不同，這位新國君姓田名和。本報記者為此對他進行了專訪。

記者

請問，為什麼您不姓姜而姓田呢？

田和

大家都知道，齊國的第一任國君是渭河邊釣魚的那位姜太公。但是我跟他沒什麼關係。我們家祖祖輩輩都姓田，所以我就姓田了唄。

記者

這麼說，您不是齊國的宗室貴族？

田和

是的。我的祖上是陳國的貴族，因為陳國內亂，就跑到齊國，當了齊桓公的工匠總管。到我這裏，已經是第八代了。

記者

您取代姜家當國君，齊國的老百姓不反對嗎？

田和

老百姓非常支持，因為我們田家為齊國人做了很多好事。比如說從我太爺爺那時候起，老百姓來借糧，我們都用大斗給他，交租的時候用小斗收進來，這樣就給了老百姓一些好處。相比之下，姜姓的幾代國君都欺壓百姓，所以老百姓都恨他們。

記者　可是，像您這樣搶佔國君之位，其他貴族和諸侯國會承認嗎？

田和　這個我的先輩們老早就考慮到了，他們先後打敗或消滅了齊國的貴族國氏、高氏、鮑氏、晏氏，搞好和其他諸侯國的關係，特別是把國君踢下寶座自己當諸侯的韓、趙、魏。

記者　那原先的國君姜貸會樂意嗎？

田和　哈，當然不樂意，可這事兒也由不得他了。不過我對他很好，把一個很大的海島給他做領地。他住着海景房，天天吃海鮮，日子可舒坦呢！

號外新聞　天子寄人籬下

天子家出事了！

周貞定王死後，他的大兒子去疾當了周王，也就是周哀王。才過了三個月，去疾的弟弟叔就把他殺了，自己坐上了周王的寶座，號稱周思王。這位周思王也沒比大哥多得意幾天，短短五個月後，就被弟弟嵬殺了。

不知道是不是怕自己也死在弟弟手裏，周王姬嵬把洛陽封給了弟弟揭。於是，在本來就不大的周王室地盤裏又分出了一個小諸侯國，叫作「西周國」。

幾十年後，揭的孫子西周威公一死，小小的西周國又鬧騰起來 —— 西周威公的兩個兒子為了繼承權爭得不可開交。最後，大兒子贏了，佔了洛陽，當上了西周國的國君；小兒子在趙國、魏國的支持下，在洛陽東面的鞏建起一個東周國。

從那時候起，西周公的地盤裏又分出來西周、東周兩個小國。而且，這兩個小國還挺貪心，一點一點地把周天子的土地給霸佔了。到了後來，周天子連住的地方都沒有了，只好今天借住東周，明天借住西周。堂堂一個天子，如今成了寄人籬下的可憐蟲！

扁鵲見齊侯

姓名	扁鵲
原名	秦越人
國籍	齊國
姓名來歷	扁鵲本是黃帝時代的一個名醫，因為秦越人的醫術非常高明，治好了許多疑難雜症，大家都說他是「扁鵲重生」，時間久了，就都叫他扁鵲。秦越人這個原名反倒沒人知道了。
常用診病手段	望、聞、問、切
常用治療手段	中藥、針灸、按摩等
名醫軼事	扁鵲周遊天下為百姓治病，還經常根據各地的情況不同，「扮演」不同的角色。比如他到趙國的都城邯鄲，看到那裏的人很尊重婦女，他就做婦科大夫；到周朝首都洛陽，看到那裏的人都尊敬老年人，他就專治眼、耳、風濕等老年病；秦國人愛護兒童，他在秦國的身份又變成了兒科醫生。
病例介紹	扁鵲到虢國時，虢國太子死亡剛半天，還沒有安葬。扁鵲問清楚了太子臨死前的情況，判斷這並不是真的死亡，只是嚴重的昏迷，就主動要求進行搶救。他給太子扎了幾針，沒多大會兒，太子就蘇醒了。他又安排了一個治療計劃，只過了二十天，太子就完全恢復了健康。

病例介紹	扁鵲在齊國拜見齊桓侯，說：「您有病，現在還在皮膚，如果不及時醫治會嚴重起來的。」齊侯說：「我沒有病。」過了五天，扁鵲和齊侯見面時又說：「您的病在血脈，要是不醫治會更嚴重的。」齊侯仍然說：「我沒有病。」又過了五天，扁鵲又來見齊侯，說：「您的病已經發展到了腸胃裏，再不醫治，還會加深。」齊侯很不高興，根本不搭理他。又過了五天，扁鵲見到齊侯，一句話也沒說就走了。齊侯覺得很奇怪，派人去問他，扁鵲說：「如果病在皮膚，用熱敷就能治好；在血脈裏可以用針灸治療；到了腸胃裏，藥酒的效力還能到。如果病進了骨髓，就算是神仙也沒辦法啦。現在齊侯的病已經進了骨髓，我也無能為力了。」又過了五天，齊侯突然病倒，沒過幾天就死了。
名醫結局	秦國的醫官知道自己的醫術不如扁鵲，生怕名望和地位受到影響，就派人刺殺了扁鵲。

鄒忌日記　聽話就聽大實話

編者按 💬 鄒忌，美男子，擅長彈琴。在他的勸諫下，齊王廣開言路，搜羅人才，積極發展生產，使齊國變得更強盛，被楚、魏、趙、韓、燕五國推為霸主。鄒忌後來被齊王封為成侯。

　　早上，我穿好衣服、戴上帽子，一邊照鏡子一邊問老婆：「我跟城北那位徐公相比，誰更漂亮？」老婆笑着說：「徐公哪裏比得上你啊！」徐公是齊國有名的帥哥，老婆的話讓我有些驚訝。過了一會兒，我又問小妾，小妾也是同樣的回答。

　　下午，家裏來了位客人。聊天時，我隨口又問了這個問題，客人不假思索地回答：「徐公當然比不上您！」

　　老婆、小妾、客人都這麼說，看來我真的是很帥啊！哈哈！

　　今天徐公到我家做客。

　　他一進門，我心裏就有點兒不踏實——這家夥實在是太帥啦！我真的比他漂亮嗎？聊天中間，我又偷偷照了照鏡子，然後瞅了瞅徐公，越比越覺得慚愧。我明明沒有徐公帥，為什麼老婆、小妾和客人都說我長得更漂亮呢？

　　翻來覆去一整夜，我終於把事情想明白了。老婆說我帥，是偏愛我；小妾說我帥，是怕我；客人說我帥，是有求於我。他們為了討好我，都沒有說實話啊！

　　我跑去見齊王，把這個道理跟他講了一遍，然後說：「大王，您想想，齊國這麼大，王宮裏那些美女和侍衛，沒一個不想討您喜歡的；大臣們沒一個不害怕您的；全國的百姓沒一個不有求於您的。由此看來，您很難聽到實話啊！」

　　齊王一聽，馬上下了一道命令：「不論是當官的還是老百姓，能當面指出我過錯的，就給上等獎賞；書面提意見的，給中等獎賞；即使是背後議論我的過錯，只要能傳到我的耳朵裏，也給下等獎賞。」

今天去上班，王宮門口接待處的小周直抱怨：「每天來這麼多提意見的，弄得辦公室像菜市場一樣，累死我了。」

我笑着問他：「大王根據這些意見新出台了很多利國利民的改革措施，你怎麼還不樂意？你也去給大王提意見呀！」

他嘿嘿直樂：「這不忙得沒時間了嘛，讓別人搶先了也沒辦法呀！」

還沒起牀，小周就跑到家裏來通知，說大王今天要接見諸侯國的使臣，讓我早點兒去上班。

我問他：「現在不像以前那麼忙了，你該有時間給大王提意見了吧？」

小周撓撓頭皮：「這幾個月，提意見的人越來越少。我是空閒了，可想來想去，沒什麼意見好提。不過，這段時間各諸侯國的使臣成群結隊地來，以前他們可沒這麼看得起我們齊國啊，真奇怪。」

我笑了：「這就對了。只要把自己國內的事情辦好，國家強大了，別人就不敢看不起我們了。對吧？」

小周想了想，使勁兒地點了點頭。

兩位大夫比政績

今天，在齊國進行了兩個地方官的政績考評。選手分別來自阿城（今山東省陽谷縣東北）和即墨（今山東省平度市東南），主考官是齊王。

在打分環節，兩位大夫的得分反差很大，幾乎所有評委（朝廷的文武大臣）都給了阿城大夫最高分，而給即墨大夫的分數低得可憐。在向齊王彙報評分結果時，評委們總結了許多阿城大夫的優點，卻將即墨大夫描述成一個貪贓枉法的敗類。

主考官齊王讓人在考場的一邊擺好黃金綢緞，另一邊擺上一口大鍋，燒了一鍋開水，然後開始發話了。

他先對即墨大夫說：「自從你到即墨做官，我這兒天天有人告你的狀。但我派人實地調查發現，即墨的莊稼種得很好，老百姓安居樂業，大家一提起你就讚不絕口。就因為你不肯向我身邊的大臣行賄送禮，得罪了他們，所以他們才總說你的壞話。如果我偏聽偏信，豈不是要冤枉你這樣一個

今天你們比比，看看誰是「齊國好大夫」

好大夫嗎？現在，我把這堆黃金綢緞賞給你，並且還要給你升官。」

接着，他又轉頭對阿城大夫嚴厲地說道：「自從你到了阿城，不斷地有人誇獎你，說你怎麼怎麼能幹。但實地調查發現，阿城的田地裏長滿了野草，老百姓面黃肌瘦，唉聲歎氣。像你這樣欺壓百姓的官員還能得高分，應該是給我手下的人送了不少禮物吧？我如果不懲罰你，這個國家就完蛋啦！」說完，齊王一揮手，武士們就上前抓住阿城大夫，把他扔到開水鍋裏去了。

處罰了阿城大夫，齊王又嚴厲地責備了那些昧着良心、顛倒是非的朝廷大臣，還把幾個罪大惡極的也扔到鍋裏煮了。

經過這一次整治，齊國的貪官污吏都嚇壞了，再也不敢胡來，生怕齊王查出來，治他們的罪。有的開始認認真真地辦事，有的乾脆跑到別國去了。從此，齊國變得更加強大了。

（《齊國日報》記者　淳于髡）

魏王自述　什麼才是真正的國寶

今天，我和齊王一起在兩國邊境上打獵。

聊天的時候，我隨口問齊王：「你們齊國有什麼寶貝？」他回答：「沒有啊。」我得意地說：「我們魏國雖然小，卻有十二顆珍珠，直徑都有一寸，亮晶晶的，可以照亮十二輛車子。齊國這麼大的一個國家，居然連這樣的寶貝都沒有？」

我本來想藉此挖苦一下齊國，沒想到齊王這樣回答：「我眼中的國寶和你說的含義是不一樣的。比如我有個叫檀子的大臣，負責守衛齊國南

部邊境，楚國從此不敢進犯齊國；大臣田盼鎮守西部邊境，趙國人都不敢到黃河來捕魚；黔夫鎮守徐州以後，相鄰的燕國、趙國老百姓哭着喊着要移民到齊國來；自從種首負責齊國的治安管理後，老百姓都安居樂業。這四個大臣的光芒何止照亮十二輛車子啊！」

聽完這番話，我羞得真想找個地縫鑽進去。他說得沒錯，能讓國家繁榮富強的人才，才是真正的國寶啊！

現場直擊　田忌賽馬的獲勝秘訣

各位觀眾，這裏是齊國王家賽馬場。即將直播的是一年一度的「看誰跑得快」團體對抗賽。我是解說員鄒忌。和往年一樣，比賽雙方是我們的齊王和田忌大人。根據比賽規則，雙方各選出上、中、下三匹馬，分別進行單挑，三局兩勝的一方獲得最終勝利。大家知道這一賽事已經連續舉辦了好幾屆，田忌大人從來沒有贏過。那麼這次的結果會怎樣呢？讓我們拭目以待！

第一場比賽的是上等馬組。上場的兩匹馬都膘肥體壯、高大威猛、氣勢不凡，裁判員一聲令下，馬就撒開四蹄衝了出去。果然不出所料，田忌大人的馬依然保持了往年的水準，才跑出十丈就被落下了一大截。哎呀，居然還摔了一跤！雖然還沒跑到終點，但這場比賽勝負已定，看台上的大王已經露出了勝利的笑容，在向觀眾招手致意！田大人也笑眯眯的，顯得很鎮定，想必是他已經輸習慣了。

第二場中等馬組已經開始上場。上等馬都輸了，田大人的後面兩場可不樂觀啊！如果沒有意外的話，這場比完大家就可以退場回家啦！兩

匹馬很快分出了先後。咦？跑在前面的居然是田大人的馬！這是怎麼回事？大王的表情變得很嚴肅，田大人卻還是笑眯眯的。現在差距越拉越大，田大人的馬仍然一路領先，正在衝刺。耶，田大人居然扳回一局！現在比分為一比一！

決勝的第三場開始了！所有觀眾都緊張起來，千萬雙眼睛都死死地盯着賽道。但是在我這個資深解說員看來，比賽已經沒有懸念了 —— 剛出起跑線，田大人的馬就已經領先了兩丈的距離，而且差距還在不斷加大……看啊！牠率先衝過了終點！各位觀眾，各位觀眾，自從「看誰跑得快」大賽創辦以來，田忌大人第一次取得了勝利！

現在，田忌大人已經來到直播室，讓我們聽聽他的獲勝秘訣。

我是齊王。

看誰跑得快

我是田忌。

田忌
> 要贏得比賽，實力當然很重要，但更重要的是智慧。

鄒忌
> 這個……馬的智慧？請您給廣大觀眾詳細說明一下，好嗎？

田忌
> 其實，我在比賽時耍了個小花招。第一場我派出的是下等馬，第二場是上等馬，第三場是中等馬……

> 等等 —— 也就是說，您用上等馬贏了大王的中等馬，用中等馬贏了大王的下等馬？
>
> 鄒忌

> 是的。你是不是還想問我為什麼這樣安排？比賽規則只是三輪對抗，並沒有說要相同等級才能比啊！
>
> 田忌

> 不不不，我是為您的神奇戰術感到震驚。
>
> 鄒忌

> 這是孫臏給我出的主意。比賽結束以後，我已經把他推薦給大王，大王已經封他為軍師了。
>
> 田忌

> 謝謝田忌大人。各位觀眾，本次比賽的解說到這裏結束。下期節目，我們會為您請來孫臏軍師，讓大家一睹他的風采！再見！
>
> 鄒忌

編輯答疑　關於孫臏一二三

> 孫臏原名為孫賓，為什麼後來改名叫「孫臏」？
>
> 問

> 因為他受過「臏刑」，也就是剔去膝蓋骨的刑罰。
>
> 答

問 他是哪裏人？

答 齊國人，是兵聖孫武的後代。

問 他是什麼學歷？

答 著名的鬼谷子軍政學堂畢業，導師是鬼谷子。

問 他有哪些工作經歷？

答 暫時還沒有。孫臏剛畢業時，去投奔在魏國當將軍的同學龐涓。可是沒想到受到龐涓的妒忌，因為怕魏王重用他，就編造了一個罪名，給他判了臏刑。

問 那孫臏後來是怎麼回到齊國的？

答 龐涓為了從孫臏那裏得到鬼谷子的兵書，就假裝好心，收留了殘廢的孫臏。孫臏識破了這個陰謀，便故意裝瘋賣傻，讓龐涓放鬆了對自己的監視。後來，在齊國使臣的幫助下，他被悄悄帶回齊國。

問 孫臏有什麼作品嗎？

答 和他的祖先孫武一樣，孫臏也寫了一部兵書，名叫《孫臏兵法》。

「圍魏救趙」好計謀

1

齊王老弟：

　　魏王派龐涓打我趙國，把我們的都城邯鄲包圍了。快來救我啊！
速！！速！！！

趙侯

前 353 年七月二日

又：如果你來救我，我把中山國的地盤送給你當謝禮。

2

趙侯老兄：

　　我已經派田忌和孫臏帶兵去救你啦！你千萬要挺住！

齊王

七月八日

3

齊王：

　　你竟然騙我，真是兩面三刀！我眼巴巴地等了好久，根本沒等到
你齊國的軍隊啊！嗚……

趙侯

八月十八日

4

田忌、孫臏：

你們這兩個家夥不去救趙國，跑哪裏玩去啦？

齊王

八月二十四日

5

報告大王：

這都是孫臏的主意。他說救趙國路太遠，不如直接去打魏國，龐涓一定會撤兵回防的。我們現在正在半道上埋伏着等他呢。

臣 田忌

八月二十七日

6

齊王老弟：

龐涓突然撤兵了。聽說是因為你派人抄了他的老窩？先前我錯怪你了，對不起，哈！

趙侯

八月三十日

7

報告大王：

　　龐涓掉進了我們的埋伏圈。我們一衝鋒，魏國軍隊就四散逃跑，一下子消滅了他們兩萬多人。可惜讓龐涓逃走了，其實就差那麼一點兒就能抓到他。

臣　田忌

九月十日

（摘自《東周諸侯情報彙編》）

知情爆料　龐涓的悲慘下場

　　我叫王小二，是魏國的一名士兵，跟着龐涓將軍很多年了。十幾年前，我們去打趙國，齊國隨即派兵嚷嚷着要打我們魏國首都，而實際上卻埋伏在半道上襲擊我軍，打得我軍暈頭轉向。沒想到，今天又吃了同樣一個虧。

　　本來魏王是要我們去打韓國的。眼看就要打到韓國首都了，聽說田忌和孫臏又來打魏國了，這可把龐將軍氣壞了。可氣也沒辦法，還得撤兵。這回龐涓小心多了，派出去好多偵察員，找到齊國軍隊紮過營寨的地方，還親自去實地考察。

　　頭一回考察時，他數了數地上留下的齊軍灶坑，足夠供十萬人做飯用，我就覺得他臉色挺難看，神色很緊張。

　　找到齊軍第二次紮營的地方，他又去數了數，灶坑一下子少了將近

一半，他好像有點高興，又有點懷疑。

第三回，發現灶坑又少了將近一半，龐涓終於長長地歎了一口氣，說：「齊國人膽子真小啊！十萬大軍到魏國，才這麼兩三天，就逃跑了一大半。這下該我報十年前的仇啦！」說着就命令大軍順着齊國軍隊的路線追了過去。

一路急行軍，天黑的時候，我們追到了馬陵（今河南范縣西南。也有文獻記載是在河北省大名縣境內）。道路兩旁都是山，一眼望去黑乎乎的，只有頭頂上有點星光。走着走着，前面有人來報告，說很多樹不知被誰砍了，都堵在路上。龐涓聽了很高興，說：「這一定是齊國人怕被我們追上，才設置的障礙。趕緊把樹搬開，追！」說着就趕到前面，親自指揮士兵清路。

說來也怪，齊國人把路兩邊的樹都砍了，偏偏留下一棵最大的，而且還刮去一大塊樹皮，上面隱隱約約地好像寫了很多字。龐涓就讓士兵點起火把。他上前一看，臉色立馬就變了，大喊：「快撤！」話音未落，不知從哪裏飛出來密密麻麻的一片利箭，把他射中，他身邊的人多數被射死了。幸好我離得遠，發現不對就鑽到大樹底下，就這樣腳丫子上還捱了一箭……龐涓憤而自殺，主將太子申被虜。

後來我才知道，樹上寫的是「龐涓死於此樹下」。本來一片黑乎乎的，什麼也看不見，可龐涓點了火把，這不是把自己暴露出來給齊國的弓箭手當靶子嘛！

這一仗打得真窩囊，死了那麼多人，連敵人在哪裏都不知道。這些天我也一直在想，灶坑一天天減少，應該是個引誘我們去追的圈套；馬陵道也完全是個陷阱。龐涓中了計都不知道，他的才能真是比不上孫臏啊！

（《齊國軍事雜誌》記者採訪於戰俘營）

招 賢 榜 文

賢才們都來秦國吧

　　不管是本國人，還是外國人，誰有好辦法讓秦國富強起來，就封他做大官，賞給他土地！

秦公嬴渠梁

秦公元年（前 361 年）

　　編者按 💬 不久，一個叫商鞅的年輕人應徵從魏國來到秦國，受到孝公的重用。

現場直擊　商大人說話真算數

　　一大早，櫟陽（今陝西省臨潼東北武屯鎮古城村南，秦國當時的都城）南門外就熱鬧起來了。一大群老百姓擠擠挨挨地圍着一根細細長長的木頭議論個不休。原來，新上任的執政官商鞅發了個告示：

搬木頭得重金

　　現有木頭一根，重約二十斤，需從都城南門扛到北門。特懸賞徵集願做此事之人。無論男女老幼，只要把這事辦成，賞賜金十兩！

秦國執政官　商鞅

秦公嬴渠梁三年（前 359 年）× 月 × 日

「這麼一根小木頭，搬動一下就真能給金十兩？」「真的假的啊，有那些錢，在北門買它幾大車木頭都用不完。」「就是，八成是當官兒的騙我們老百姓取樂呢！」百姓們議論得很熱鬧，可沒一個人上前去搬。

這時候，商鞅來到南門外，看到這場景，大聲說：「誰能把這根木頭扛到北門去，賞他五十兩金。」他這一說不要緊，看熱鬧的人更加覺得這事兒太荒唐了，一個個你看我，我看你，對那根木頭連碰都不敢碰了。

過了好長時間，終於有一個人遲疑着站了出來，挽着袖子說：「不就一根木頭嗎，看把你們嚇的。我倒要看看當官的說話到底算不算數。就算被捉弄也只是花點力氣嘛！」說完扛起木頭就走。他在前面走，大家都跟在後面想看個究竟。從南門到北門，在都城正中間走了過去，路邊的人聽說這事，都鬧哄哄地跟着看稀罕。

扛着木頭的人剛走出北門，就看見門外有個官員捧着黃澄澄的一盤金，笑眯眯地說：「執政官說了，你聽從朝廷的命令，是個奉公守法的好人。這是你的五十兩賞金。」那人又驚又喜，咧着大嘴一個勁兒傻樂。看熱鬧的人都傻了眼，直後悔自己沒上前試一試。

記者在現場隨機採訪了幾位圍觀百姓，他們異口同聲地說：「商大人說話算數，不管以後幹什麼事，我們聽他的就對了！」

（《櫟陽晚報》記者　太乙丙）

特別報道　商鞅改革兩步走

用搬木頭賞金的辦法，商鞅贏得了老百姓的信任，然後就進行了大刀闊斧的改革。他的改革分兩步進行，每一次都有三項新政策，中間相隔九年。

第一次的新政策包括：

實行保甲制度。每五戶人家編為「一伍」，十家編為「一什」。大家互相監督，一家有罪，其餘九家如果不告發同樣判罪。

殺敵立功有獎。殺敵越多，功勞越大，獎勵越多，職務和爵位也越高。就算是貴族，如果沒在戰場上立過功勞，也不給封官。

獎勵農業生產。產糧產布大戶可以免除勞役。因為懶惰而陷入貧困的人，全家都要被抓到官府裏去當奴婢。

第一次變法實施之後，老百姓的生產積極性提高了，士兵們打仗更勇敢了，秦國的物資儲備和軍事實力也都大大提高了。所以九年以後，在秦孝公的支持下，商鞅進行了更大規模的改革。

第二次的新政策主要包括：

鼓勵開墾農田。除了必要的通行道以外，原先農田裏作分界線的大路、小路都被鏟除，開墾出來種莊稼。誰開墾的土地就歸誰。田地可以自由買賣。

建立縣一級的統治機構。除了貴族的私人領地外，把秦國分成四十一個縣，每縣設置縣令、縣丞各一名，相當於現今縣長和副縣長，由朝廷直接任命。

遷都咸陽。把秦國的都城從原來的櫟陽遷移到渭河北面的咸陽。

通過這些措施，秦國的農田面積增加了，朝廷對地方的統治也進一步加強了。

（《九州博覽》記者　蒙艾）

改革家的命運

在家天下的專制制度下，有才能的人只有在國君的支持下，才能進行改革。而要改革，必然會得罪人，特別是得罪那些不幹事、只會享受的舊貴族。所以，一旦支持改革的國君去世，噩運就會降臨到改革家的頭上。

吳起在楚王的支持下進行了改革，很快就使原來大而弱的楚國強大起來。因為新政策打擊了許多貴族頑固派，吳起就成了他們的眼中釘。楚悼王一死，貴族就趁吳起辦喪事之際發動政變，帶領軍隊包圍了他，向他亂箭直射。吳起不甘心就這樣被殺死，就跑去趴在楚悼王的屍體上，心想頑固派豈敢向國君屍體射箭。可最終還是被亂箭射死了。

商鞅改革的時候，秦國的太子反對新法令，還故意犯了法。因為太子是國君繼承人，不能用刑，商鞅就重罰了他的兩個老師，太子因此懷恨在心。等他即位當上國君後，那些過去反對商鞅的人就得勢了。他們串通一氣，捏造罪名，誣告商鞅陰謀造反，把他抓起來處死了。

不過，商鞅雖然死了，但他推行的新法令已在秦國紮下了根。他的變法使秦國很快成為諸侯中的強國，為後來秦國統一六國打下了堅實的基礎。

戰國七雄

　　從春秋到戰國初期，諸侯國之間不斷發生戰爭，弱小的國家被大國吞併，最終形成了齊、楚、燕、韓、趙、魏、秦七個大國互相抗衡的格局。這七個諸侯國就被稱為「戰國七雄」。

　　當然，這並不意味着當時只有這七個諸侯國，還有一些小的國家，像宋國、鄭國、陳國、中山國、東周國等，它們根本沒有和七雄叫板的實力，只能依附大國勉強生存。隨着時間的推移，它們也陸續被七雄吞併了。

（摘自《東周百科全書》）

1. 下面哪個不是戰國時代的改革家？

　　A. 李悝　　　B. 管仲　　　C. 吳起　　　D. 商鞅

2. 下面這些諸侯國裏，哪一個不是從晉國分裂出來的？

　　A. 韓　　　B. 趙　　　C. 鄭　　　D. 魏

3. 在漳河修水利工程的地方官是誰？

　　A. 吳起　　　B. 李悝　　　C. 鄒忌　　　D. 西門豹

4. 哪位軍事家使出了圍魏救趙的計策？

　　A. 孫臏　　　B. 孫武　　　C. 田忌　　　D. 吳起

5. 商鞅在秦國的改革是從什麼事情開始的？

　　A. 獎勵軍功　　　B. 發展農業　　　C. 搬木頭　　　D. 遷都

答案：1. B　2. C　3. D　4. A　5. C

2

合縱連橫

前三三八年～前二七八年

◎一個個足智多謀的政治家登上了歷史舞台，一齣齣「合縱」與「連橫」的拉鋸戰開始上演。為了爭奪老大的位置，諸侯們會使出什麼招數？

◎戰國七雄的較量，是比國家的大小、實力的強弱，還是比誰的人才更強大？

◎小偷也好，大將也罷，只要用得合適，都會發揮大作用。這句話你認同嗎？

◎請翻開本報第二期「合縱連橫」，見識一下智慧與武力迸發出的火花吧！

諸侯稱王、稱帝為哪般

一天天過去，諸侯國之間也鬥得越來越厲害。雖然周王名義上還是天子，可沒幾個諸侯把他放在眼裏。特別是那些大國，也在「級別」上動起了腦筋。楚國國君在春秋初期就自稱「楚王」，宣稱要和周王平起平坐。有了這麼一個「榜樣」，其他諸侯也紛紛動起了心思。

前 344 年，魏國召集諸侯盟會，莊嚴宣佈魏國國君正式升格為魏王！

本來魏國算計得挺好 —— 它是當時七雄裏最強大的國家，平時在諸侯裏說一不二，換個名號很容易。可是沒想到，事後遭到齊楚的激烈反對，而參加會議的諸侯都不約而同地投靠了齊國。

魏國就這麼名不正、言不順地自娛自樂了十年，終於覺得這場戲自導自演還挺累的，於是找齊國進行了一次特殊的約會 —— 兩國國君在徐州會面，簽訂了相互承認為王的協議。也就是說，齊國稱王，魏國承認齊國王位的合理性，交換條件就是齊國也要承認魏王的地位。就這樣，魏國用一張贊成票換來了另一張贊成票。

又過了幾年，和齊國、楚國來往密切的秦國也稱了王。其他的諸侯國感覺壓力很大，就由魏國帶頭，聯合趙、韓、燕、中山等國，發起了稱王運動，號稱「五國相王」，大家相互承認盟友的國王地位。於是，戰國七雄外，連帶弱小的中山國，都稱王了。

既然大家都是王，這個頭銜的含金量自然大大縮水。到了前 288 年，秦國和齊國約好了同時稱帝，秦國是西帝，齊國是東帝。名號這麼換一下，他們就上升到了「三皇」「五帝」的檔次，比王又高了一級。

但是，這次稱帝行動卻遭到了諸侯國的強烈抵制，甚至要組織聯軍對二「帝」開戰。所以，才過了兩個月，齊國、秦國又先後宣佈放棄帝

號，繼續當國王。

稱王稱帝，表面上看只是換了個名號，但實際上是為了確立自己在諸侯中的領導地位，顯示他們稱霸天下的野心。

（特約評論員　鬼谷子）

學習標兵數蘇秦

天已經黑了，洛陽城外的一間小屋子裏還亮着燈。一個年輕人在昏暗的油燈下，拿着一卷竹簡，很認真地小聲唸誦着。讀幾句，他就停下來，認真地思考一會兒，然後用筆在另一片竹簡上記下幾個字。

不知過了多久，年輕人的臉色越來越疲倦，上下眼皮止不住地要往一起湊。一個打着哈欠的男孩從門口探進頭來：「哥，已經半夜了，你還不睡啊？」年輕人被弟弟的話驚醒了，從身旁拿起一把錐子，猛地刺在自己的大腿上。男孩嚇了一跳，瞪大了眼睛朝他望去。年輕人卻疼得沒了睡意，又拿起竹簡認真讀了起來……

這個年輕人名叫蘇秦，從小就有遠大的理想，認真學習各種政治、軍事知識，研究各個諸侯國的情況。為了充分利用時間，每當疲倦的時候，他就用錐子扎自己的腿，讓自己保持清醒的頭腦。後來，蘇秦的才能受到了燕、韓、魏、齊、楚、趙等諸侯國的賞識，同時兼任六國的宰相。他把這些國家聯合起來，一起對抗秦國的擴張。

有蘇秦這個榜樣，他的兩個弟弟蘇代、蘇厲學習也十分用功，後來也成了著名的政治家。

（《洛陽晚報》記者　姬毛毛）

患者檔案　舌頭還在嗎

姓名	張儀
籍貫	魏國
病情	從頭到腳到處是傷，而且流血不止
病人自述	說真的，我是一個政治家，只是現在還沒有機會參與政治。我見過魏王、楚王，他們都不理我，我只好在楚國執政官昭陽家裏當門客混飯吃。 昨天，昭陽叫了很多人一起來喝酒，還拿出楚王賞他的玉璧向大家炫耀。大家傳來傳去，摸呀看呀，都誇這是一塊寶玉。可是萬萬沒想到，飯局散了，寶玉丟了，在場的人鬧哄哄地找了個遍，也沒找到。 有人說，張儀是在場人群中最窮的一個，肯定是他偷的。我就這樣莫名其妙地成了盜竊嫌疑犯，遭到了嚴刑拷打。這頓揍捶得真叫狠啊！於是我就變成現在這個樣子了。可打我有什麼用？我又不可能變一塊寶玉出來還他。 有幾個好心人把我抬回家裏，老婆見我傷成這樣嚇得哇哇大哭。我掙扎着安慰她：「瞧我舌頭還在嗎？只要舌頭在，我就有出頭之日！」老婆把我臭罵了一頓後，請來醫生給我治傷。 我又對醫生說：「你看看我嘴裏，舌頭不還好好的嗎？只要有這三寸不爛之舌，我張儀就有走上政治舞台的那一天。醫生你信嗎，信嗎？」
診斷結果	病人體表受傷面積達 90%，肌肉損傷嚴重，無骨損傷，有輕度腦震盪，導致精神緊張、情緒不穩，語言和行為明顯失控。
治療方案	刀傷藥、止血藥各五斤，口服、外敷各半。靜養三個月。
主治醫生	小扁鵲　楚國第一國立醫院

和氏璧的來歷

名稱	和氏璧
材質	玉
形狀	圓形，中間有孔
來歷	楚國人卞和在山裏發現一塊璞（外面包着石頭的玉），拿去獻給楚厲王。厲王叫來玉工鑒定，玉工說：「這是石頭。」厲王很生氣，砍了卞和的左腳。過了幾年，楚武王即位，卞和又去獻璞，玉工仍然說是石頭，於是卞和的右腳也沒了。楚文王當了國君之後，卞和抱着璞哭了三天三夜，直到雙眼流血。文王得知後派人問他為什麼哭。卞和說：「我哭並不是因為失去雙腳，而是因為寶玉被人當成石頭，忠心的人被當成欺騙國君的人。」於是文王派工匠把璞剖開，發現果然是一塊上等的美玉。後來工匠把這塊玉雕成了一塊璧。文王為了紀念卞和，把它命名為「和氏璧」。

（摘自《文物博覽》）

時政
辭典

「合縱」和「連橫」

　　「合縱」和「連橫」是戰國時代兩種最為典型的政治軍事外交主張。

　　「合縱」是實力較弱的諸侯國聯合起來進攻強國，主要對象是秦國；「連橫」則正好相反，是以秦國為中心，爭取到若干諸侯國的支持，去攻打其他諸侯國。

倡導合縱的代表人物是蘇秦，倡導連橫的代表人物是張儀。而像蘇秦、張儀這樣，推動各諸侯國實施合縱、連橫策略的一大批政治家，也就被人們稱為「縱橫家」。

（摘自《東周百科全書》）

獨家新聞 一次「禪讓」引發的戰亂

前 314 年，燕國發生了一場內亂，起因是兩年前燕王噲向堯、舜學習「禪讓制」，把王權讓給了國相子之，結果把自己的命都給弄丟了。

蘇秦的弟弟蘇代很受各諸侯國尊重，燕王噲問蘇代：「齊王能不能成為霸主？」蘇代回答：「不能，因為他不信任他的大臣。」噲覺得很有道理，就一味地信任宰相子之。子之原本就有霸佔燕國的打算，他的支持者經常故意在噲跟前說些「天下人都覺得堯很賢明，是因為他能夠把政權讓給別人」之類的話。一來二去，噲就把國家大權全部交給子之，後來還把原先的中高級官吏全部免職，讓子之重新任命。就這樣，子之成了燕王，噲反而成了大臣。

噲把王位讓給子之，他的兒子太子平不樂意了，就和將軍市被密謀攻打子之。但雙方交戰的時候，市被突然改變主意，反過來攻擊太子。就這樣亂糟糟地打了幾個月，燕國的士兵、百姓死了好幾萬人。

燕國一亂，齊王可高興了，派兵長驅直入，一直打到燕國國都，殺了噲，把子之剁成肉醬，霸佔了燕國的大片土地。

（《東周時事報》記者　洗樂樂）

千里馬的故事

燕昭王 💬 我叫職，是燕王噲的兒子。聽說有個叫郭隗的隱士很有學問，我要向他請教讓國家強大的辦法。（敲門）郭隗先生在家嗎？

郭隗（施禮） 💬 大王屈尊光臨，不知道是為何事啊？

燕昭王（施禮） 💬 齊國軍隊雖然撤走了，但燕國已經殘破不堪。每想到這些事，我都心痛得睡不着。我做夢都想報仇雪恨啊！請先生告訴我怎樣才能找到可以和我一起治理國家、讓燕國強大的人才？

郭隗 💬 我聽說從前有人開出一千兩金的價格買千里馬，三年都沒買到。後來聽說外地有一匹，此人就派了僕人去買。但等到了目的地，那匹千里馬已經死了，僕人就花了五百兩金，把馬頭買下來帶了回來。主人十分惱怒，問為什麼做這種傻事，僕人回答：「能花五百兩金買死馬，還發

我給你講一個千金買死馬的故事……

愁買不到活馬嗎？」果然不到一年，就有好幾個人主動登門推銷千里馬。大王如果真心求才，就從我開始吧。像我這樣的人如果大王能真心看重，比我有才能的人自然也會不遠千里而來。

燕昭王（大喜，施禮）多謝先生指點。從今天起，您就是我的老師！

畫外音燕昭王專門在王宮裏為郭隗修造房屋，事事向他請教。果然沒過多久，鄒衍、樂毅、劇辛等人紛紛從其他國家來到燕國。君臣上下共同努力，燕國又逐漸變得強大起來。

楚懷王自述 張儀是個大騙子

編者按楚懷王，戰國時期楚國國君。性格優柔寡斷，屢次中秦國國相張儀的計謀，使得本來強大的楚國衰敗，最後身死異國。

如果你問我最恨的人是誰，那肯定是秦國的國相張儀！

前 313 年，張儀到楚國來見我，說：「秦王派我來和楚國建立友好關係，共同對付齊國。如果您能和齊國絕交，秦王願意送楚國六百里土地。只要大王您一句話，不但擴大了領土，削弱了齊國的勢力，還得到了秦國的信任，一舉三得啊！」

我聽了很高興，不顧大臣的反對，堅決和盟友齊國絕交，然後派人到秦國去接收土地。

沒想到，剛到秦國，張儀就從馬車上摔下來，受了點兒輕傷，竟三個月沒上朝。我以為是自己和齊國絕交不徹底，張儀才故意裝病的，於是又派人專程跑到齊國去把齊王罵了一頓。果然，張儀的「病」馬上好

了，他對我的使臣說：「我說要給楚國的是我私人的六里土地，怎麼可能把秦國的土地隨便送人呢？」使臣把這個消息帶回來，我才知道上了張儀的當。

惱怒之下，我馬上派兵進攻秦國。一場大戰之後，我軍大敗，被迫割讓土地和秦國講和。

張儀這個騙子，我發誓一定要殺了他！

不久，秦國派來使者，商量用秦國的一塊地和楚國的一塊地做交換。我一聽就生氣，說：「換地就算了，只要你們張儀來，我哪塊地送給秦國都行。」我本來是說氣話，可沒想到張儀還真來了。我高興壞了，馬上把他關進監獄，準備過兩天殺掉。

我正高興呢，夫人鄭袖卻眼淚汪汪地來了：「楚國還沒把地給秦國，秦王就派張儀來，這證明秦王還是很重視和楚國的關係的。如果你殺了他，秦國來報復怎麼辦？看來，我還是趕緊帶着孩子住到江南去好了，免得被秦國欺負。」我本來沒把這話放在心上，可是受不了她一天到晚哭哭啼啼的，於是把張儀放了。

張儀剛走，大臣屈原就來問怎麼沒殺張儀。我這才反應過來，趕緊派人追趕，可是已經追不上了。

後來我才知道，張儀一到楚國就託人給鄭袖送禮，請她幫忙求情。我氣壞了，可又能怎麼樣呢？鄭袖是我老婆啊！

張儀這個大騙子，有機會我一定要殺了他！

（陳軫　整理）

騙子，張儀是個大騙子！

三人成虎的故事

編者按 甘茂，原楚國人，受到秦惠文王、秦武王的重用，是戰國中期秦國名將。

（前 308 年）五月六日　晴

我終於說服魏王與秦國聯盟，一起討伐韓國，圓滿完成了秦王交給我的任務。但是，在給秦王的報喜信裏，我卻是這麼寫的：魏國已經同意與我們合作，共伐韓國，但此時還不宜馬上對韓發起攻擊。

這是不是有些奇怪？唉，沒辦法，我有不得已的苦衷啊！

五月二十日　陰

回咸陽途中，秦王早就在息壤這個地方等候我了。看他那又着急又納悶兒的樣子，估計也是被我的信給弄糊塗了。於是，我給他講了一個故事：

「從前，魯國有一個和曾參同名同姓的人殺了人，別人跑來告訴曾母，曾母正在織布，根本不相信。後來第二個人又來說：『你兒子殺人啦！』曾母還是不信。但是當第三個人傳來這個消息時，曾母害怕了，扔下織布的梭子翻牆逃走了。這就叫『三人成虎』。」

「這次我們秦國的目標是韓國的宜陽（今河南省宜陽縣），那裏城池堅固，地形險峻，路途也很遙遠。如果我帶兵去打仗，肯定要很久才能取勝。而我是一個流落到秦國的楚國人，向您打小報告的人肯定不會少。我怕到時大王聽信別人的話，讓我撤兵，那不但無法取得勝利，也會讓魏國覺得上當受騙了！」

秦王聽後沉思了一會兒，然後很堅決地對我說：「我與你盟誓，絕不聽任何人的閒話，支持你到最終勝利！」

我率兵包圍宜陽已經五個月了，就像出發前預料的那樣，宜陽至今也沒打下來。這個時候，隨從說秦王來信了，我心裏一沉，不由得歎了口氣。

秦王在這個時候來信，一定是聽了別人的壞話，讓我撤兵吧？

我從身上撕下一塊袍子，寫下「息壤」二字，讓信使帶給秦王。

今天，秦王派的增援部隊到了。領頭的將軍一見到我就笑：「你那塊破布真厲害！大王一看見，臉都紅了，立刻讓我挑選精兵來幫你。」

我一拳頭捶向他胸口：「什麼也別說了，趕緊整隊，我們今天就拿下宜陽！」

新聞快訊　秦武王舉鼎而死

秦武王長得身高體壯，最喜歡跟人比力氣。甘茂攻破韓國後，秦武王親率精兵強將大舉進攻洛陽。周天子無力抵禦，只好派人出來迎接秦軍。

在甘茂慫恿下，秦武王直奔周室太廟，參觀有「鎮國之寶」稱號的九鼎。那些鼎又大又沉，秦武王一時興起，非要跟手下的勇士孟說比賽，看誰能把鼎舉起來。

孟說勉強把鼎抬離了地面，就重重放了下來。秦武王爭強好勝，不顧大臣的勸阻，用盡全身力氣舉起大鼎，結果被鼎軋斷脛骨，兩眼出血，到晚上就死了。

勇士孟說因此背上了「謀殺國君」的罪名，全家都被判了死刑。而本是功臣的大將甘茂，因為慫恿秦武王入周觀鼎，害怕治罪就逃到魏國去了。

（摘自《東周逸聞報》）

為什麼要穿胡服（特約嘉賓：趙王趙雍）

日前，趙王（即趙武靈王）發佈命令，讓全國都仿照胡人的樣子穿衣服。命令一出，趙國上下議論紛紛。為此，本報記者對趙王進行了專訪。

記者 請問，您為什麼要發佈這個命令？

趙王 這些年來，趙國的實力越來越弱了，總被別的諸侯國欺負。我進行這次服裝改革，實際上是想讓趙國強大起來。

記者 ⋯⋯通過服裝改革來讓國家強大，這是什麼道理呢？

趙王 我們趙國人的傳統衣服是長袍大褂，身子肥，袖子闊，走路的時候搖搖擺擺似乎挺有風度，可打起仗來就不方便了。而且我們除了步兵就是笨重的戰車，行動實在不方便。看北方那些胡人，小袖短褂，腰紮皮帶，腳穿皮靴，騎在馬上開弓放箭，特別利落。咱們跟胡人打仗為什麼總吃虧？就敗在這衣服上！趙國的士兵要提高戰鬥力，就必須先從穿衣服開始改革！

記者 可是，寬袍大袖是趙國自古相傳的風俗，您的改革推行起來可能有困難吧？

趙王 是的。就連我叔叔公子成也十分反對，說祖先傳下來的規矩不能改變。為了說服他，我親自到叔叔家，對他說，風俗不是一成不變的。當前我們沒有強大的騎兵，連小小的中山國都敢來侵略。我提倡穿胡服，就是為了建立強大的軍隊。如果為了遵從習俗而忘了國家的恥辱，那就太糊塗了！叔叔聽了，對我的想法表示贊同。

記者 目前改革推行的情況怎樣？

趙王 我自己和許多貴族、大臣已經帶頭穿胡服啦！對那些死腦筋的人，我又下了一道命令，不改衣服的一律治罪。現在胡服已經成了趙國男人的常備衣服了。特別是士兵，看着都比以前精神，騎馬射箭也順手多了。

記者 下一步您打算怎麼辦？

趙王 現在我們的騎兵部隊已經建立起來，訓練也初見成效。照目前的情況來看，明年就可以先拿胡人檢驗我軍的訓練成果。如果情況理想，後年，我就要親自帶兵，到中山國報仇去！

（《趙國日報》記者 樓煩）

「超級間諜」原來是國君

　　前 299 年的一天，趙國的訪問團到達秦國的都城咸陽，為首的名叫趙招，求見秦王。

　　因為趙王（即武靈王）胡服騎射改革之後，趙國的實力大大增強，不但把經常來騷擾的胡人收服了，還消滅了中山國，所以秦王對這些使臣十分客氣。

　　趙招向秦王通報了一件大事 —— 趙王把王位傳給兒子了，自己號稱「主父」。秦王問：「你們的國君為什麼要傳位啊？」趙招回答說：「他是想讓太子先練習一下治國的本領，大的國事還是主父裁斷。」秦王問：「趙國怕不怕秦國？」趙招說：「怕！不然就不會進行胡服騎射的改革了。現在我們趙國的騎兵比以前增加了十多倍，有資格跟貴國結交了吧！」

　　秦王覺得趙國使臣是個了不起的人，還想跟他談談。第二天一大早就派人去請，可是訪問團的人說使臣生病了，這一病就是好幾天。等到秦王覺得情況不對的時候，訪問團只剩下了一個人，自稱名叫「趙招」。而這個趙招和原先那個「趙招」相貌完全不同，秦王一下子被弄糊塗了，這到底是怎麼回事？

　　原來，趙王想親自了解秦國的情況，就化裝成使者，一路上，把經過的秦國地形、道路情況全都畫成地圖。見了秦王之後，他的目的已經達到，就悄悄地返回了趙國。秦王做夢也沒想到，自己親自接待的那個使臣竟是一個「超級間諜」。

（摘自《東周人物週刊》）

受騙至死的楚懷王

前 296 年，在秦國國都咸陽的一個簡陋的小房間裏，楚懷王病死了。

堂堂楚國的國君，怎麼會死在秦國呢？原來，在三年前，秦王寫信給楚懷王說：秦楚以前是兄弟國家，還曾經結過親戚，就是因為鬧矛盾，才影響了我們在諸侯中的號召力。為了改變這個情況，我想和你在武關（今陝西省丹鳳縣東南）見個面，簽署條約，咱們兩個國家世世代代友好下去。

楚懷王滿懷希望地前去赴約，可他萬萬沒有想到，在武關等着他的不是秦王，而是兇神惡煞一樣的秦國兵將。還沒等他弄清楚是怎麼回事，就被劫持到咸陽。秦王坐在寶座上笑眯眯地說：「只要把楚國的兩個郡給我，就放你回去；如果不答應，你就住在秦國吧。」

楚懷王當然不會答應。楚國的大臣得知消息，馬上立太子為新的楚王，召集軍隊對抗秦國的進攻。這一仗，楚國死了五萬多人，丟了十六座城。

坐了兩年牢，楚懷王終於找到一個逃跑的機會。不過，回楚國的路有大批秦軍把守，他只好逃往趙國。費盡千辛萬苦逃到趙國邊境，趙國卻害怕秦國報復，不敢收留他。還沒等他轉道去魏國，秦國的追兵已經到了。就這樣，楚懷王再一次當了俘虜，被押送回咸陽，過了一年，就病死了。

楚懷王的一生，是不斷上當受騙的一生。在楚國的國家大事上，被老婆鄭袖和奸臣欺騙；在處理諸侯國的關係上，被張儀欺騙；直到人生的最後一站，還是以上當受騙而告終。

「雞鳴狗盜」也有大用處

親愛的哥哥：

你好！

前些日子，我被邀到秦國訪問。秦王先想重用我，後又怕我優先考慮齊國利益，就把我關進大牢，準備殺掉。我趕緊通知手下人向秦王最心愛的妃子求救，那妃子說：「要我幫忙可以，但是要送我一件白色狐狸皮袍。」這可太難為我了──我本來有這麼一件袍子，可是早就送給秦王了，總不可能去要回來吧……這時，有個很不起眼的門客一拍胸脯說：「這事包在我身上！」

當天晚上，這個門客從狗洞裏鑽進秦王的儲藏室，把皮袍偷了出來，再送給那個妃子。妃子十分高興，跟秦王說了很多好話，我才被放出大牢。

經過這麼一件事，我再也不敢在秦國待下去了，趕緊讓人收拾東西逃跑。沒日沒夜地跑了幾天，終於趕到了邊境關卡，只要過關離開秦地，就安全啦！

可是，我們到關卡的時候是半夜，按規定要等早晨公雞打鳴了才能開關。前有關卡攔路，後有追兵捉拿，這可怎麼辦？在這危急時刻，一聲雞啼突然從我身後響起。原來，一個門客擅長口技，隨着他這一聲，遠近的公雞都叫了起來。過了一會兒，幾個睡眼蒙矓的秦兵出來打開關卡大門，胡亂檢查了一下就放行了。

踏上齊國的土地，我心頭的石頭才算是放下了。以前因為我收留門客，哥哥總是批評我把錢花在沒用的人身上，可是你看，如果用對了地方，鑽狗洞偷東西、學公雞打鳴這樣的本領都能派上大用場啊！哥哥是不是可以改變看法了呢？

弟　（孟嘗君）田文

×年×月×日

都江堰工程驗收報告

　　受秦王的委託，本專家組對蜀郡太守李冰負責建設的都江堰工程進行竣工驗收。

　　岷江是蜀郡的一條大河，經常洪水泛濫，威脅百姓的生命財產。李太守經過認真調查研究，提出了建設都江堰工程的報告，並獲得秦王的批准。

　　該方案內容主要包括：在江上修築一條長堤，叫作「百丈堤」，用來保護河岸不被江水沖壞；在離百丈堤不遠的江心修築魚嘴形堤壩、內外「金剛堤」和「飛沙堰」等工程，用來調節江水。同時，通過「寶瓶口」把江水分成許多大小支渠，引到平原地區灌溉農田。通過這一系列工程，有效地防治了岷江在雨季時洪水的破壞性，不但保證了水上運輸的正常進行，而且灌溉工程對岷江流域的農業生產起了極大的促進作用。

　　經過實地考察，本專家組認真討論後認為，李冰設計施工的都江堰工程方案科學合理，施工質量優良，並起到了十分明顯的效果，確定給予「甲等優質工程」稱號，並建議秦國對李冰進行表彰。

東周水利研究院專家鑒定組

×年×月×日

編輯先生：

您知道嗎，樂毅將軍把齊國打敗啦！

為了報當年齊國侵略之仇，我們燕國已經做了二十多年的準備。這次還聯絡了秦、趙、韓、魏四個國家，由燕國大將樂毅擔任總指揮，五國一起進攻齊國。

對每個燕國士兵來說，只要能報仇雪恨，拚了性命也在所不惜。可齊國畢竟是數一數二的大國，結果會如何，沒有人敢下結論。

一開戰，樂毅將軍就衝在隊伍的最前頭。他是指揮官，還是魏國人，打仗都這麼賣力，何況我們燕國人呢？我和同伴們跟在樂毅將軍身後拚命衝殺，第一仗就把齊軍打得大敗而逃。雖然我們很多弟兄受了傷，可那精神氣兒可足了！

取得階段性勝利之後，樂毅將軍請秦、韓兩國軍隊先行班師，請魏、趙兩國負責進攻齊國的側翼，他自己帶着燕軍深入齊國腹地，對齊國主力一路窮追猛打。一向威風凜凜的齊國人大概從來沒有吃過這種虧，都慌了手腳。我們就這樣一個勝仗接一個勝仗，一直打到了齊國的都城臨淄（今山東省淄博市臨淄區）。齊王早就逃跑了，我們繳獲了一大堆戰利品。

國君接到勝利的消息，簡直高興壞了，親自到前線來慰問。樂毅將軍和我們這些殺敵立功的兵將，都獲得了獎賞。

其實，獎賞多少我倒不在乎，重要的是打敗了齊國，出了一口惡氣。這仗打得太痛快啦！

燕國士兵　紀平

前 284 年 × 月 × 日

樂毅叔叔是叛徒嗎

樂毅叔叔是我心目中的大英雄。聽說他投奔趙國的消息，我十分震驚。

四年前，樂毅叔叔帶兵討伐齊國，只半年時間，就攻佔了七十多座城池，原來很大的一個齊國，只剩下即墨（今山東省平度市東南）和莒（今山東省莒縣）兩座城了。但是，因為鎮守即墨的是一個叫田單的齊國人，十分厲害，所以一直沒能打下來。

前一陣子，我總聽到有人說樂毅叔叔的壞話，說他半年能佔領七十多座城池，可花了三四年還打不下這兩座城，就是為了讓齊國老百姓心服口服地擁護他當國王。剛剛當上國君的燕王一聽到這些言論，趕緊派大將騎劫去接替樂毅叔叔的職務。結果沒幾天，就傳來了樂毅叔叔投奔趙國的消息。原先說起樂毅叔叔就眉飛色舞的小朋友，現在一說這事兒，都往地上吐唾沫，大聲罵：「叛徒！」

早先，因為樂毅叔叔功勞大，我們昭王要封他當齊王，甚至做好了國王的禮服送到軍營裏，都被他堅決地拒絕了。現在隔了好幾年，聽說他居然故意收買人心想當齊王，總讓人覺得這事有古怪。新的燕王當太子的時候就跟樂毅叔叔有矛盾，如果他遵守命令回來，八成會被殺頭吧？他跑到趙國去，只是為了躲過殺身之禍吧？

樂毅叔叔到底是不是叛徒？不管你們怎麼想，反正我的答案是：NO！

（燕國第一小學三年級二班　樓一一）

田單大擺火牛陣

本報訊　重大消息！即墨戰況出現驚天大逆轉。田單大擺火牛陣，把燕國軍隊打得落花流水。

自從騎劫接替樂毅當了燕軍統帥，做了很多缺德的事：把齊國俘虜的鼻子全割了，又把即墨城外齊國人的祖墳都挖了，屍骨全部燒掉……他本來是想逼齊國人投降，可沒想到齊國人看到這種情況，個個火冒三丈，都向田單要求出戰。藉着這股子士氣，田單精心策劃了一次大反攻。

論兵力，田單的部下遠遠不及燕軍數目多。為了迷惑對手，田單先是把精壯士兵都藏起來，讓老弱殘兵和婦女據守城牆，然後又派人給騎劫送去一封投降書。騎劫一看，認為齊國士兵死得差不多了，只好投降，心裏十分高興，就放鬆了警惕。

當天晚上，田單把即墨城裏的一千多頭牛全部聚集到一起，作為反攻的先頭部隊。這些牛身都披畫了五彩花紋的綢衣，牛角上綁紥鋼刀，牛尾綁着浸透了油的葦草。到了半夜，田單命令把牛全部放出城，點着葦草。牛被烤得疼痛受驚，發瘋似的衝向燕軍大營。一聽到動靜，燕軍從夢中驚醒，看到這樣一群怪物衝過來，個個嚇得魂飛魄散，不知道被頂死、踩死了多少人。牛群剛過去，田單就帶着手下全部人馬又衝殺上來。這一仗，打得燕軍暈頭轉向，騎劫也在混亂中被殺。圍困即墨三四年的燕國軍隊，就這樣被一群火牛衝得稀裏嘩啦。

田單帶着齊國軍隊乘勝追擊，一路上經過的齊國城市也紛紛起兵反抗燕國，加入追擊的行列。沒過幾天，齊國失陷的七十多座城池全都被收復了。

（《東周時事報》記者　龍小二）

關於和氏璧的那些事兒

新聞一：和氏璧即將落戶秦國

本報訊　秦王宮新聞發言人在昨天召開的記者招待會上宣佈，聞名天下的寶貝——和氏璧即將落戶秦國。

據介紹，幾十年來一直下落不明的和氏璧日前在趙國出現，被趙王趙何（即惠文王）收藏。秦王嬴稷（即昭襄王）得知消息，提出用十五個城池交換這塊寶玉，趙王不敢拒絕。目前護送和氏璧的趙國訪問團已經出發前來秦國，不日將到達咸陽。

別騙我！一手交錢，一手交貨！

新聞發言人堅定地表示，和氏璧這樣天下無雙的寶貝，一定會落戶秦國。

新聞二：和氏璧交接儀式起波瀾

本報訊　引起社會廣泛關注的和氏璧交接儀式今天上午在秦王宮舉行。但令人遺憾的是，因為發生了一些波折，儀式還沒進入正題就結束了。

儀式剛開始，秦王拿到和氏璧後十分高興，自己欣賞了老半天，又遞給大臣和妃子們看，一直都沒搭理趙國人。趙國訪問團團長藺相如認為秦王沒有交換的誠意，謊稱和氏璧上有個小瑕疵，把寶貝騙了回去，

然後背靠柱子，聲稱如果不答應他的條件，就把和氏璧摔碎。無奈之下，秦王答應藺相如齋戒五天、舉行盛大交換儀式的條件。齋戒期間，和氏璧仍然由趙國訪問團保管。

新聞三：秦王齋戒進行時

本報訊　為了得到和氏璧，秦王的齋戒儀式已經進行到第三天。

據秦王宮保健醫生透露，目前秦王的齋戒儀式進行得還算順利。三天以來，他獨自住在一個沒有任何陳設的小屋子裏，只吃蔬菜、水果和喝清水，這和他往日不離酒肉的食譜差別很大，所以對胃口有一定的影響，體重也因此下降了兩斤半。不過秦王表示，只要能得到和氏璧，變成瘦子也值得。

新聞四：和氏璧「飛」了……

本報訊　五天的齋戒結束了，盛大的交接儀式即將舉行。和氏璧呢？竟然飛了……

今天上午，和氏璧交接儀式在秦王宮隆重舉行，各諸侯國駐秦國使者應邀參加，見證這一歷史時刻。但是，趙國訪問團團長藺相如卻使出了不同尋常的招數——在秦王齋戒期間，他已經派人帶着和氏璧從小路返回趙國。藺相如表示，秦國強大，趙國弱小，如果秦國真有交換的誠意，就先得把十五座城池給趙國，趙國肯定不會不講信用而得罪秦國。作為趙國的使臣，得罪了秦王，他甘願承擔死罪。

眼看着煮熟的鴨子飛走了，秦王非常惱怒。但當着各國使者的面，他還是保持了大國君主應有的風度，為訪問團舉辦了招待會，送他們返回趙國。

另據趙國傳來的消息，藺相如返回趙國後，受到了隆重的表彰。

（《東周每日快訊》駐咸陽記者報道）

特別報道 廉頗負荊請罪

　　本社邯鄲消息　×月×日下午，趙國都城邯鄲中央大街上，一個光着上身、背了一捆荊條的老頭兒引起了眾多百姓的圍觀。此老頭兒從大將廉頗家門口出發，一路步行，直奔首席執政官藺相如家門前，跪倒行禮。得知消息的藺相如跑步出門將他扶起，兩人熱淚盈眶地緊緊握手，久久沒有鬆開。圍觀人群中爆發出熱烈的掌聲。

　　親眼看到整個過程的百姓趙二激動地對記者說：「廉將軍和藺大人和好了，我們趙國就更加穩定了！」

　　原來，這個老頭兒就是趙國的大將廉頗。由於藺相如在趙國外交工作上的突出貢獻，趙惠文王任命他為首席執政官，引起了廉頗將軍的強烈不滿。廉頗聲稱：「我是趙國大將，立下無數戰功；藺相如只靠一張嘴，職位卻比我還高，這是什麼道理？哪天遇到他，一定要他好看！」藺相如聽說後，為了避免糾紛，長期裝病不上朝，就算路上遇見也遠遠地繞道躲開。時間久了，趙國百姓都知道了將、相不和的情況，十分憂慮。

　　既然如此，為什麼廉頗又會演出負荊請罪這一幕呢？據消息靈通人士透露，藺相如一直躲着廉頗，隨從們覺得很沒面子，可藺相如卻問他們：「你們覺得廉將軍和秦王誰厲害？」隨從回答：「當然是秦王。」藺相如說：「秦王那麼威風，我都敢當着眾人的面批評他，又怎麼會怕廉將軍？現在秦國不敢侵略趙國，就是因為武有廉頗、文有我藺相如的緣故。如果我們兩個爭鬥起來，就會兩敗俱傷，給秦國可乘之機。我躲着廉將軍，只是把國家大事看得比私人恩怨重要罷了。」這話很快傳到廉頗耳中，令他十分慚愧，於是主動背着荊條，登門向藺相如道歉。

　　　　　　　　　　　　　　（東周通訊社駐邯鄲記者　周毛毛）

人物檔案	**愛國詩人屈原**

姓名	屈原
國籍	楚國
職務	曾擔任楚國三閭大夫
生平簡介	屈原出身於楚國貴族家庭，長期擔任楚國高級官員。因為他為人正直，經常向楚王提意見，楚王很不喜歡他。再加上一幫壞人的挑撥，屈原一直沒能得到重用，後來更是被流放到邊遠地區。周報王三十七年（前 277 年）秦國派大將白起攻打楚國，佔領了楚國的首都郢（今湖北省荊州市北），還把前代楚王的陵墓燒了。屈原得到消息，十分痛心，在汨羅江投水自殺。
文學成就	屈原廣泛吸收楚國本地的文化營養，創造了一種很有特色的詩歌形式 —— 楚辭。楚辭主要描寫楚國的山川人物、歷史風情，具有濃厚的地方色彩。楚辭最大的特點就是有很多楚國方言裏的語氣助詞「兮」，例如「路漫漫其修遠兮，吾將上下而求索」（出自屈原《離騷》），就是被世人傳頌最廣的一句。屈原的代表作有《離騷》《九歌》《九章》《天問》等，楚辭也被譽為詩歌史上繼《詩經》之後的又一座高峰。
社會影響	屈原為人忠誠正直，在楚國百姓中有很高的威信。據說他投江自殺那天是農曆五月初五。後來每到這一天，楚國百姓就會划着小船，把米飯撒到江裏，用這種形式紀念他。到後來，這種紀念形式發展成了包粽子、賽龍舟，五月初五也被稱為「端午節」。

1. 下面這些人裏，哪一個是倡導合縱的政治家？

    A. 張儀　　B. 管仲　　C. 蘇秦　　D. 范蠡

2. 哪一個諸侯國進行了「胡服騎射」的改革？

    A. 韓　　B. 趙　　C. 鄭　　D. 魏

3. 誰帶領燕國軍隊把齊國打敗了？

    A. 白起　　B. 孫臏　　C. 廉頗　　D. 樂毅

4. 田單用了什麼計策奇跡般地反敗為勝？

    A. 圍魏救趙　　B. 負荊請罪

    C. 火牛陣　　D. 瞞天過海

5. 完璧歸趙的是誰？

    A. 藺相如　　B. 田單　　C. 張儀　　D. 廉頗

    答案：1.C　2.B　3.D　4.C　5.A

3

橫掃六國

前二七八年～前二二一年

◎周天子借了很多高利貸，被討債人追到家門口來了，他想了個什麼辦法逃債？

◎趙括只會「紙上談兵」，由他統領四十萬趙兵對抗生猛的秦國，結果會怎樣？

◎商人呂不韋為何要投資在趙國當人質的嬴異人身上，最後他得到了什麼好處？

◎經過連年不斷的戰爭，「戰國七雄」注定最後只能剩下一個。

◎哪個國家能夠笑到最後？請翻開本報第三期「橫掃六國」！

逃債台兩日遊

你想了解大周天子的真實生活嗎？你想感受大周天子的酸甜苦辣嗎？快來參加洛陽旅行社近期隆重推出的「逃債台兩日遊」吧！

顧名思義，逃債台是用來躲債的。這個景點的開發者就是我們的大周天子。因為他借了很多高利貸，又還不起，經常被討債人堵在王宮裏，所以就修了這麼一座高台，債主一來他就躲在台上不露面。

參加「逃債台兩日遊」的遊客，除了遊覽景點、感受討債文化的魅力外，還可以與周王進行互動交流，以優惠價購買《周王回憶錄》，其中包括《為什麼我會這樣窮》《滿腹辛酸逃債路》《逃債心得一二三》等精彩篇章，還附贈作者親筆簽名照片兩張哦。

詳情請登錄：www.taozhaitai.com

趙奢收稅

前幾天，邯鄲城（趙國首都）裏發生了一件新鮮事 —— 一個小稅官跟平原君趙勝吵起來了。

這個小稅官名叫趙奢，每天的工作就是挨家挨戶收稅。這天，他到平原君家收稅，管家仗着主人勢力大，堅決不交。趙奢不急也不惱，拿出收稅的法律條文當眾唸了一遍，按規定把抗稅不交的幾個管家都殺了。

這下子可把平原君氣壞了，帶人找到趙奢，要他抵命。沒想到這個小稅官一點兒也不慌張，說：「你是國王的弟弟，如果你逃稅，我不處理，法律的力量就削弱了；法律的力量弱了，國家的力量也就跟着削弱；國力弱了，別的國家就會打上門來。到那時，趙國都沒了，你還有什麼富貴？只有大家都遵守法律，國家才能強大，政權才能穩固，天下人才不敢小瞧你啊！」

聽了這些話，平原君十分慚愧，覺得這個小稅官很了不起，就向趙王推薦。第二天，趙奢就被任命為趙國稅務總局局長。

（《邯鄲晚報》記者　彭小蘭）

時政辭典 戰國四公子

戰國時代，有一種叫作「養士」的社會風氣，一些有錢的貴族官僚為了抬高自己的名氣和威望，收養很多門客來壯門面。收養門客的貴族裏最有名的要數齊國的孟嘗君田文、趙國的平原君趙勝、魏國的信陵君魏無忌和楚國的春申君黃歇，人稱「戰國四公子」。

這些門客大多是來自各國的小人物，有的只是想找個地方混飯吃，有的想通過主人的推薦得到飛黃騰達的機會。比如著名的政治家張儀、藺相如，都曾當過門客。如果有合適的機會，門客說不定能發揮意想不到的作用。據說孟嘗君的門客多達三千人。他在逃離秦國的時候，就是依靠門客的本領，好幾次躲過了殺身之禍。

（摘自《東周百科全書》）

閼與之戰 —— 狹路相逢勇者勝

前 270 年，秦國進攻趙國，包圍了閼與城（今山西省和順縣西）。趙王趙何（即惠文王）徵求將軍們的意見，廉頗和樂乘都覺得路又遠又險峻，很難救援，趙奢卻說：「這就像兩隻老鼠在狹窄的洞裏碰了頭，誰勇敢誰就能贏。」於是趙王就派趙奢擔任援軍統帥。

趙奢領兵出征，剛出首都邯鄲三十里，就命令士兵紮下營寨，還下令說：「誰敢跟我討論軍事問題，一律砍腦袋！」此時秦軍的一支部隊已經到達武安（今河北省武安縣西南）附近，有人建議先救武安再救閼與，趙奢立即把他處決了。

這一駐紮就是二十八天，趙奢不但沒有出發的意思，還下令修築永久性防禦工事，規定要修得夠用個十年二十年的。甚至，有秦軍間諜潛入趙軍營地，趙奢還假裝不知道，好吃好喝地招待他。這間諜回去報告後，秦軍大將高興壞了：「趙奢這麼膽小，閼與肯定是我們的了。」

秦軍沒想到的是，間諜前腳剛走，趙軍後腳就出發了。經過兩天一夜急行軍，在閼與附近紮下了大營。秦軍得到消息後，急忙調集全部兵力向趙軍陣地撲來。

這時，一個叫許歷的趙國士兵向趙奢提建議，說：「秦軍沒想到我們會來，第一次攻擊肯定是從我軍正中央突破。如果被他們衝出缺口，軍心就散了。還有，北邊的山是制高點，一定要先搶到手。」趙奢採納了他的意見，馬上派一萬精兵佔領北山。

秦軍衝營沒能取勝，攻北山也失敗了。趙奢帶領軍隊發動猛烈的反擊，把秦軍打得落花流水，閼與勝利解圍。

趙王得到報告，非常高興，封趙奢為「馬服君」，官位和廉頗同等級，許歷也被任命為國尉。

（摘自《東周軍事論壇》）

絕密信件 攻破長平靠造謠

尊敬的秦王：

　　我們進攻趙國，在長平（今山西高平市西北）已經相持了四個多月。趙國的將軍廉頗是個經驗豐富的老將，一直在加強防禦，從不出來正面交鋒。這讓我軍有力沒處使，造成了很大的困擾。我認為，要解決這個難題，得先想辦法把廉頗調離。

　　現在，我想出了一個主意：派人到趙國去造謠，說廉頗年紀太大了，支撐不了幾天，說不定哪天就投降了。如果趙奢的兒子趙括來領兵，秦軍就會嚇得不戰而逃。趙國的新任國君急於求成，他聽了一定會上當。

　　我早就打聽了，趙括從小名氣很大，還讀了不少兵書，討論起軍事來頭頭是道，經常把他爸說得張口結舌。不過，他懂的都是書本上的東西，沒有一點兒實戰經驗。只要趙國由他來率兵打仗，我們很容易就能突破長平防線。

　　以上是我對戰事的一點小建議，請您定奪。

臣　范雎（音同居）

×年×月×日

長平血書 ——「紙上談兵」的代價

編輯先生：

我原先是守衛長平的一名小兵，後來變成了秦國的俘虜，現在，我是長平之戰的一個倖存者。在這裏，我要把長平之戰的真相告訴你，告訴那個昏了頭的國王，告訴趙國所有的老百姓。

趙括當上統帥後，把廉頗將軍以前定的規矩全推翻了。廉頗說用防守來消耗秦軍兵力，他說秦軍一來就出營迎戰；廉頗說秦軍退了不能追，他說敗兵更要殺得片甲不留……一開始，他還真打了兩個勝仗，十分得意，還說「過幾天就打到秦國去」。

可是萬萬沒想到，在一次追擊敗兵時，我們掉進了秦軍的埋伏圈。和秦國的大部隊正式交鋒以後，我們才知道秦軍的統帥已經悄悄地換成了白起，就是那個一直打到楚國首都，差點把楚國滅掉的白起啊！這時，我分明看到趙括嚇得手都在發抖。

我們一連被包圍了四十六天，開始還指望着有救兵過來。可是全國的軍隊幾乎都被圍在長平，又有誰能救我們？最後，趙括只好帶着我們突圍。說突圍也只是好聽一點兒罷了，我們都餓着肚子，怎麼跟人家打啊？到最後，趙括被亂箭射死，我們也被抓當了俘虜。長平城裏的士兵看見趙括的屍體，也沒心思打仗，只好投降了……

對我們這些降兵，起先秦國人態度還挺好，讓我們好吃好喝的。這可是我們一個多月來吃的第一頓飽飯。但是，到了半夜，我聽到外面有動靜，悄悄出來一看，見秦軍一個帳篷一個帳篷地在捆人。如果有人反抗，迎頭就是一刀……

本來我也以為自己要死了，心想既然當了兵，就不能怕死，但這樣死也真是窩囊。後來白起下令，說未成年的不殺，我才算留下了一條命。然後，我們這兩百多個半大孩子，就眼睜睜地看着秦國人把俘虜都活埋了！四十萬人哪！！

我實在想不明白，廉頗將軍帶我們守長平，本來好好的，怎麼就突然換了個天天抱着兵書的趙括？耍嘴皮子的本事比天還大，一遇到敵人就沒了主意。這樣的人，是怎麼當上統帥的？！四十萬人，幾乎是趙國的全部軍隊，就這樣白白斷送了……

這筆賬，我們到底該找誰算？

小兵　趙乙

×年×月×日

編者按 💬 收到這封血跡斑斑的讀者來信，編輯的心情久久不能平靜。一場敗仗，四十萬大軍全部慘死，就像信中所說的，這種結果，我們該找誰算賬？是只會動嘴的趙括，還是聽信謠言派趙括帶兵的趙王？

毛遂日記　我是這樣脫穎而出的

編者按 💬 毛遂，籍貫、出身不詳，趙國平原君家中門客。以下三篇日記寫於前 258 年。

　　秦兵又來攻趙國了，而且一路打到了國都邯鄲。趙國的軍隊在長平死了一大半，實在抵擋不住了，趙王便派平原君趙勝去楚國求援。趙勝回家來說了這事，還說要挑二十個文武雙全的門客一起去。後來挑來挑去只挑出十九個，他皺着眉歎氣說：「這些年養了三千多個門客，現在連二十個人都挑不出來，真讓我失望啊。」

　　望着身邊那些人又羞又臊的樣子，我站出來說：「我毛遂來湊個數，行嗎？」平原君問：「你來這兒幾年了？」我說：「三年。」平原君說：「有才能的人就像鐵錐放到口袋裏，錐尖馬上就會露出來，先生在我這裏三年了，都沒人跟我說起你的名字。你還是不要摻和這事兒了吧。」我淡淡地說：「我請求隨你前去，就是要把鐵錐放進口袋裏。如果已經在口袋裏，早就把口袋戳破，整個錐都露出來了，哪會只露出錐尖呢？」聽了這話，平原君有些勉強地點點頭。另外那十九個人互相看看，搖頭撇嘴，很瞧不起我似的。我懶得理他們。

我們一幫隨從在台階下乾坐着，豎着耳朵聽大殿上平原君和楚王的會談。可是不管平原君怎麼說聯合抗秦的好處，楚王總是支支吾吾地不表態。一直從早上到中午，還沒有結果。望着平原君尷尬的表情，那十九個門客只會乾着急，不知道該怎麼辦。這時我知道自己該上場了。

我猛地站了起來，提着寶劍大步走上台階，對平原君說：「聯合抗秦的好處兩句話就能說完了，怎麼這麼半天還沒結果？」他倆都愣了一下，楚王大發雷霆：「我跟你的主人說話，哪有你插嘴的分兒？」我手握劍柄走到他跟前，瞪着他說：「大王敢對我這樣吆喝，不過是仗着楚國兵多，但是現在，你的性命就在我手裏，兵再多也沒用。楚國方圓五千多里，有一百多萬人的龐大軍隊，擁有如此雄厚的資本，完全可以爭霸天下，可白起只帶了幾萬秦軍，就攻佔了楚國首都，燒掉了你祖先的陵墓。這種事，連我們趙國都覺得羞恥，而你卻像是一點兒也不在意。老實告訴你，我們提出聯合，其實不只是為了趙國，也是為了你們楚國啊！」

楚王面紅耳赤地說：「謝謝你的解釋，楚國一定追隨趙國抗秦。」

回到趙國，就接到了楚國派春申君率兵援助的消息。趙王對平原君大加表揚，平原君說：「這次都是毛先生的功勞。我再也不敢說我的門客中缺乏人才。」

哈，我這把鐵錐終於扎破口袋，露出來啦！

信陵君竊符救趙

第一場　信陵君家

門客 💬 公子，平原君又派人送信來了。說就算是不在乎他，也要想想你姐姐的處境。如果邯鄲失守……

信陵君（無奈地） 💬 我和那麼多大臣勸大王不知道多少次了，可是他怕秦國報復，就是不肯發兵。大王是我哥哥，平原君是我姐夫，你說我該怎麼辦？（深思了一會兒，拍案而起）既然這樣，只有我自己去邯鄲了！你們願意跟我的就一起去，不願意去的，就領了路費回家吧！

門客（跪倒） 💬 誓死追隨公子！

第二場　魏國首都東門

信陵君 💬 侯先生，我要去邯鄲和秦兵決戰了……

侯嬴（很冷淡地） 💬 公子加油！我老了，就不跟你去打仗啦。

信陵君（走出幾步，停住，自言自語） 💬 我一直那麼尊敬侯先生，可現在我都要去送死了，他卻這個態度，是不是有什麼用意呢？（向隨從）大家先等一會兒，我回去一下。

侯嬴（笑） 💬 我就知道你會回來的。你這樣去邯鄲，不過是肉包子打狗 —— 有去無回。我有個主意，你不如（聲音轉低）……

信陵君（又驚又喜） 💬 妙計！多謝侯先生！

第三場　魏國王宮後門，夜

如姬*（小聲）💬公子，調兵用的兵符在這裏，快拿了走吧。

信陵君（大喜）💬多謝如姬夫人！

如姬💬公子幫我報過殺父之仇，我能有機會報答您的恩德，已經很高興了。

信陵君💬如果大王發現兵符丟了，一定會懷疑你的。你還是跟我一起走吧。

如姬💬我留在這裏還能爭取一些時間，快走，快走！

* 魏王最寵愛的妃子。

第四場　魏軍大營

信陵君💬晉鄙將軍，大王命令我接替您擔任大軍統帥。兵符在此，請查驗。

晉鄙（查驗兵符，有些懷疑）💬大王派我駐守在這裏，公子就這樣來收我的兵權，太兒戲了吧？是不是等我再向大王請示一下？

朱亥*（從袖子裏掏出鐵椎，砸向晉鄙，大喝）💬你不服從王命，想造反嗎？

（晉鄙倒地身亡。）

信陵君（向魏軍將士，大聲）💬晉鄙不服從軍令，已經被處死！現在我下令，如果父子都在軍中的，父親回家；如果兄弟都在軍中，哥哥回家；獨生子在軍中的，回去敬養老人！其他的士兵重新整編，馬上出發，進軍邯鄲！

* 侯嬴的朋友，大力士。

畫外音 💬 信陵君率領八萬精兵進攻秦軍，殺得秦軍大敗。其他諸侯國的救兵也陸續趕到，秦軍只好撤退，邯鄲解圍了。因為怕魏王怪罪，信陵君把兵符和軍隊交給魏國的將軍帶回去，自己留在了趙國。

頭條新聞　大周朝滅亡了

本報訊　重大消息！秦軍攻佔洛陽，抓走了周天子。大周朝完蛋了！

因為秦國經常攻打各諸侯國，令天子十分擔憂，於是天子秘密聯絡諸侯，組成聯軍征討秦國。可是沒想到，秦軍的反應非常迅速，大軍直攻洛陽，把周王生擒。天子那少得可憐的三十六個城鎮、三萬人口，全部被秦國吞併。

從周武王建立周朝至今，已歷經八百七十九年，共歷任四十三任國王，就這樣無聲無息地成為過去。曾經那麼神聖的「天子」，成了秦國眾多俘虜中的一個。事實上，周王憑他那少得可憐的領土和兵力，早已沒有天子的發言權，只是一個名義上的領袖罷了。秦國消滅東周，並沒有引起其他諸侯國的關注，但是，秦國兼併諸侯、爭奪天下的野心，已經完全暴露在世人面前！

另訊　本消息是本社最後一條新聞。即日起，大周通訊社正式宣佈解散。

大周通訊社　前 256 年 × 月 × 日電

我是風險投資第一人

呂不韋自述

編者按💬 呂不韋，衛國人，戰國末期著名商人。他往來各地，通過低價買進，高價賣出的方式積累起千金的家產。後來成為秦國相國。

我是在邯鄲（趙國都城）做生意的時候遇見嬴異人的。他是秦昭襄王的孫子，但那時卻在趙國當人質。趙國人老是受秦國的欺負，他們對異人是什麼態度，誰都想象得出來。這時，我覺得做大買賣的機會來了。

偷偷告訴你：秦王此時年紀很大，隨時會去世。太子嬴柱正是異人的父親，他最寵愛的華陽夫人沒有兒子。如果能拉攏華陽夫人站在異人這邊，那異人的地位肯定就不一樣了。

我首先拿出一大筆錢，讓異人在邯鄲請客吃飯結交朋友。沒過多久，趙國人都說異人講義氣、夠哥們兒。然後，我自己又帶了很多錢跑到咸陽（秦國都城），通過華陽夫人的姐姐見到了華陽夫人，勸她為自己今後打算，認異人當兒子。應該說我的口才還是很不錯的，隔了幾天，華陽夫人就跟嬴柱說了這事兒。嬴柱滿口答應，不但給異人送去很多錢財，還請我當異人的老師。經過幾番努力，異人的名聲很快在諸侯國之間傳開了。

名氣大了，手裏又有錢，異人公子哥兒的壞毛病就暴露出來了。有一回我請他喝酒，他居然看上了我的侍妾趙姬，還可憐巴巴地向我討要。沒辦法，我只能把趙姬送給他。誰讓我在他身上花了大本錢呢？過了半年多，趙姬生下了一個兒子，取名嬴政（即以後的秦始皇）。

邯鄲被秦軍圍困的時候，我和異人的處境非常危險，隨時都會被憤怒的趙國人殺掉。我趕緊用黃金買通守衛，帶着異人逃出邯鄲，然後跟

着秦國軍隊回咸陽了。因為華陽夫人是楚國人，我特意叫異人穿著楚國人的衣服去拜見她，這可把華陽夫人感動得不得了，真把異人當兒子一樣，還給他改名叫子楚。

果然不出我所料，回秦國沒幾年，秦昭襄王就死了。嬴柱當了國王，立華陽夫人為王后，子楚是太子。過了三個月，嬴柱也莫名其妙地死了，於是子楚順理成章地當上了秦王。我也自然而然地當上了相國。

如果你覺得此時我的投資可以結束了，那可就大錯特錯了。子楚當了三年國王，也死了。新任秦王是子楚唯一的兒子嬴政，嬴政的媽媽就是當年的趙姬。嬴政年紀還小，他媽又聽我的，大權自然就落在我手裏啦！

我知道有人總在背後說我壞話，說什麼嬴柱和子楚都是我害死的，所以才那麼短命；還說嬴政其實是我的兒子，等等等等。請問他們有證據嗎？反正，事情的真相我是不會說的，他們愛猜就只管瞎猜去，只要不怕掉腦袋！哼哼！

（摘自《呂不韋回憶錄》）

懸賞啟事

改一字，賞千金

天下各國人士：

　　由本人主編的《呂氏春秋》一書現已完稿。該書匯集了呂府眾多門客的研究成果，包含當前各個學派的學說。為了讓這本書更加完美，現在把全文在咸陽城門前公示，歡迎大家前來提意見。只要能指出一處不對的地方，或者添個字、刪個字，就可以得到黃金一千兩。

　　　　　　　　　　　　　　大秦相國　呂不韋即日

編輯補記 💬 呂相國的懸賞告示發佈了好幾個月，竟沒人能提出一點修改意見，於是呂相國和他這本《呂氏春秋》的名氣就在各國傳開了。不過小編我心中暗想，雖然《呂氏春秋》的思想價值、文化價值很高，但真的會完美到一個字都不能改嗎？會不會有人害怕呂相國的權勢而不敢提意見呢？問題的答案，恐怕只有當事人心裏清楚了……

文化資訊　諸子百家著作大展銷

　　戰國，是諸侯爭霸的時代，更是諸子百家文化爭鳴的時代！了解戰國文化，請關注「諸子百家著作大展銷」活動！

重點學派著作推介：

《墨子》——墨家門徒編著。它記錄了墨家創始人墨子的事跡和思想，提出應該關懷百姓、不打仗、節儉、任用有才能的人等觀點。

《孟子》——孟子門人編輯成書。作者繼承了孔子的儒家學說，主張行「仁政」，反對兼併戰爭。

《莊子》——道家新領袖莊周巨著！他主張讀書、漫遊、觀察、遐想等，文筆奇特，富有極強的想象力。

其他還有大師公孫龍的「抬槓」專業書《公孫龍子》，堪稱居家旅行鬥嘴必備；法家泰斗韓非的《韓非子》，教你如何建立一個法制社會！

親愛的讀者，你喜歡誰的作品呢？

名人訪談 李牧是「膽小鬼」嗎（特約嘉賓：李牧）

趙國邊防軍司令李牧最近成為話題人物。他承擔着防禦匈奴的重任，卻被匈奴人稱為「膽小鬼」。這是為什麼呢？本報記者對他進行了專訪。

記者 李將軍，您知道自己有個「膽小鬼」的外號嗎？

李牧 我會假裝不知道的。

記者 您有那麼重要的任務，為什麼只是防守，從不出擊呢？

李牧

匈奴人在馬背上長大，行動迅速，論打遊擊戰，我們肯定不是對手，所以我派出了一大批偵察員，時刻關注他們的動靜。對方一有行動，我方偵察員就發出信號，我們再把老百姓和雞鴨牛羊全部轉移到城堡裏。他們只要一直搶不到東西，自然就會退兵。

記者

聽說您還下過一道命令：凡捕殺敵人者，一律處死，是嗎？

李牧

對！我覺得至少那時候還不到和匈奴開戰的時機。

記者

但您這種想法恐怕會有很多人不理解。

李牧

是的，我們大王就專門派了人來罵我。後來看我捱了罵還不改，就把我撤了。接替我的那位經常主動出擊，接連打敗仗。邊境成了戰場，老百姓都沒法種田放牧了。這樣過了一年，大王受不了了，又讓我去守邊防。當時我提出一個條件，就是必須讓我用以前的辦法，不然就不幹。

記者

我覺得，對匈奴一味防守也不是辦法。

李牧

作為軍人，沒有誰是不想進攻的。我多年來的防守為的是讓匈奴放鬆警惕。等過幾年，時機成熟了，我們就會出戰。方法我都想好了：先派小股部隊和匈奴接觸，佯裝打敗仗，把他們的大部隊引進埋伏圈，然後四面夾攻，一舉消滅對方。然後我們再乘勝追擊，把匈奴的據點都摧毀。只要打一仗，就能讓他們以後再不敢靠近趙國。用最小的損失，贏取最大的收獲，不是更好嗎？

（《邯鄲日報》軍事記者　樓小風）

挖河渠的間諜

罪犯姓名	鄭國
國　　籍	韓國
罪　　名	間諜罪
案情始末	罪犯是韓國著名水利專家，他給秦王嬴政獻了一份開挖河渠的施工方案。該方案利用地形特點，把涇河水引入洛河，用來灌溉農田。經過專家討論，秦王嬴政同意了這一方案，並任命他為工程總指揮。但是在施工過程中，有知情人舉報鄭國有間諜嫌疑，到秦國鼓動開挖河渠是為了消耗秦國國力，讓秦國沒有力量擴張。
罪犯陳述	我的確是受韓王的派遣到秦國來的。我是搞水利的，也只能想到用這個辦法來消耗秦國國力。修河這幾年，秦國的確沒有多餘的力量向東擴張，但是，如果這條河渠修成了，秦國大部分農田就再也不用擔心乾旱，增產增收對增強秦國國力還是大有幫助的。我只能讓韓國這幾年不受攻擊，但對於秦國來說，這條河渠卻會為他們的子孫後代帶來好處。
判決結果	讓他繼續給我國老老實實挖河渠，要保質保量，保證工期！如果馬馬虎虎，就打他屁股；如果驗收合格，就以他的名字將河渠命名為「鄭國渠」！
審判長	秦王嬴政

敢起名叫鄭國，你怎麼不叫亞洲啊！

水利專家

獨家內幕 要把外國人驅逐出秦國嗎

編者按：先是鄭國被查出是韓國的間諜，接着呂不韋又牽涉到秦宮的一場宮廷叛亂中。因為鄭國和呂不韋都不是秦國人，又先後出事，所以秦國貴族和大臣討論後認為，其他國家的人到秦國做官，都是為他們本國打算，有的說不定還是間諜，應該全部驅逐出境。為此，楚國人李斯寫了一份報告，打動了秦王，最終撤銷了這道命令。本報經李斯大人獨家授權，摘要刊登此文。

從前，秦穆公四處招攬有才能的人，任用了百里奚、蹇叔，最終吞併了二十多個小國，當了霸主；秦孝公讓商鞅（衛國人）主持變法，國家變得非常強大，直到今天；秦惠文王用了張儀（魏國人），拆散了六國聯盟，爭取到戰爭的主動權；秦昭襄王得到范雎（魏國人）的幫助，提高了秦國政府在民間的威望。這四位君主，都是依靠外籍人才建立了功業。

由此看來，外籍人才有什麼地方對不起秦國呢？領袖人物從來不排斥有才能的人，從前的三皇、五帝就是因為這樣才無敵於天下。現在大王不管好壞，不問是非，只要不是秦國人都趕走，這是把人才主動送到別的國家，幫助敵國增強實力啊！這相當於把兵器借給土匪，把糧食送給強盜，我認為是非常錯誤的。請大王慎重考慮。

（轉載自《大秦日報》）

韓非之死

近日，法家學派名人韓非在秦國監獄突然死亡。有人爆料，是他的同學李斯下的毒手。

韓非是韓國的王子，才能非常出眾，但一直得不到重用。他的書流傳到秦國，秦王嬴政非常喜歡，成了他的忠實粉絲。為了和韓非見面，嬴政還專門派軍隊攻打韓國，逼韓王把韓非派到秦國來。

但是，秦王嬴政對韓非的這種崇拜心理讓李斯非常妒忌。李斯和韓非同學多年，深知自己的能力比不上他，生怕韓非被嬴政重用，自己的地位下降。所以韓非剛到秦國，李斯就在嬴政面前打小報告說：「韓非是韓國的王子，怎麼可能忘記自己的祖國，全心全意地對秦國效忠呢？如果不效忠，他這個人對秦國就沒用，可是把他送回韓國，萬一得到重用，就是我們秦國的一大禍患。所以我建議除掉他。」

嬴政覺得挺有道理，就派人把韓非關進大牢。李斯怕嬴政反悔，趕緊派人送去毒藥，逼韓非自殺。過了沒多久，嬴政忽然後悔起來，趕緊派人去赦免韓非，但監獄裏只有一具冷冰冰的屍體了。

（《戰國逸聞報》綜合整理）

荊軻刺秦王

各位觀眾，今天，我們為您現場直播一場隆重的儀式——燕國派人向秦王獻上本國最肥沃的地區督亢（今河北省易縣、定興、霸州市一帶）

地圖，表示投降。另外，聽說燕國太子丹還要送給秦王這個多年沒見的老朋友一個意外的驚喜。到底這驚喜是什麼，請大家拭目以待！

現在，燕國的使者已經走進了秦國宮殿。走在前面的是訪問團團長荊軻，手裏捧着一個方盒子；跟在後面的是副團長秦舞陽，手裏捧着一個長盒子。兩個盒子裏裝的各是什麼呢？朝堂上的大臣都非常感興趣。

不過，秦舞陽好像很緊張的樣子。讓我們對他進行一下現場採訪：

記者 💬 秦副團長，請問你的臉色怎麼這麼難看？

秦舞陽 💬 我，我我……

荊軻 💬 對不起，我這位副手是鄉下人，沒見過大世面，看見秦王這麼威嚴，就害怕了。

記者 💬 哦，多謝荊團長解答了這個疑問。其實我自己也挺緊張的……

荊軻讓秦舞陽在台階下等候，自己上去把方盒子獻給秦王，打開一看，裏面竟然是一顆人頭！荊軻介紹說，這是秦國叛徒樊於期，燕太子丹知道秦王很恨他，就派人把他殺了。秦王樂得開懷大笑，看來對這份禮物非常滿意。莫非這就是那份意外的驚喜？

荊軻回身從秦舞陽手中的長盒子裏取出一個長卷，在案几上慢慢展開，督亢地區的山川河流立即清晰地展現在我們眼前。殿堂上頓時響起了一片熱烈的掌聲。

突然，在地圖的末端露出一把鋒利的匕首。什麼情況？！

只見荊軻一把抓起匕首，另一隻手拉住秦王的袖子，舉手便扎。他——原來是個刺客！

殿堂上的大臣都嚇得目瞪口呆。最害怕的當然是秦王，他左躲右閃避過匕首，努力掙開袖子，轉身就跑，荊軻舉着匕首在後面緊追不放，

兩個人繞着柱子團團轉。

大臣們這才反應過來，衝上去攔截荊軻。各位大人加油啊！

可惜的是，法律規定大臣們上朝不許帶武器，只能赤手空拳和荊軻搏鬥，於是大臣接連被刺傷了好幾個。在這危急時刻，宮廷醫師夏無且急中生智，把藥箱向荊軻砸去，正中目標！雖然沒有給他造成多大的傷害，但為秦王爭取了一些時間。

秦王在拔劍啦！觀眾朋友，你們馬上就會看到這位劍術高手與刺客的精彩對決！

怎麼？！秦王的臉色變得很難看，劍拔出一半就拔不動了。糟糕，這到底是劍太長，還是胳膊太短啊？有人喊：「大王，你快把劍鞘推到背後，對對對，就這麼拔！」

現在，秦王順利地拔出了寶劍，英勇地向荊軻衝去，一劍砍斷了他的左腿……下面的場面實在太血腥，我們就不直播了。可以告訴大家的是，荊軻肯定活不了了，因為台階下的秦舞陽已經被衛士砍成了肉醬。策劃這次行動的燕太子丹恐怕也沒幾天活頭了，因為秦國的下一個進攻目標肯定是燕國。

啊，秦王現在高舉寶劍，擺出了一個勝利的 POSE。大臣們不約而同地熱烈鼓掌。請攝影師給秦王一個特寫鏡頭。

本次直播就到這裏，謝謝大家觀看。

（根據大秦 TV 現場直擊欄目整理）

易水歌

風蕭蕭兮易水寒，
壯士一去兮不復還！

　　這是荊軻出發前往秦國時所作的一首歌。當時，燕太子丹和荊軻的
朋友在易水河邊為他送行。寒風陣陣，易水滔滔，讓人感覺天地之間空
蕩蕩的。送行的人都明白荊軻這一去就再也回不來了，非常悲傷。臨別
之際，荊軻唱起這首歌。雖然歌詞只有兩句，卻悲壯豪邁，表達了他刺
殺秦王的堅定決心。

飛鴿
傳書 **老將軍的心事**

蒙恬我兒：

　　最近功課如何？

　　前些天，我被秦王任命為伐楚大軍的副將。聽說統帥是王翦老將
軍，我非常高興，他可是我最佩服的名將啊！

　　在這之前，秦王曾經問大將李信攻下楚國需要多少人，李信回
答「二十萬」；又問王老將軍，得到的回答是「六十萬」。秦王覺得王
老將軍人老膽子小，就派李信去。可是幾個月下來，李信連吃敗仗。
秦王氣壞了，只好又派王老將軍出馬，兵力當然就是他要求的六十
萬了。

秦王親自送部隊出征。王老將軍喝了送行酒，從口袋裏掏出張單子來，說：「大王，我要去打仗了，您能不能把這些賞給我？我想給子孫們留些家產。」我在旁邊瞅了一眼，上面寫着哪裏哪裏的幾畝地，哪裏哪裏的幾所房子。秦王看了笑說：「你打下楚國回來，還怕會受窮嗎？都賞你啦！」

現在房價看漲啊！這叫投資，懂嗎？

您幹嘛要那麼多房子啊！

出發沒幾天，王老將軍又派人給秦王送信，說還想要其他的財物。我十分納悶兒，認識他好多年了，沒覺得他是這麼貪財的一個人啊！

更沒想到的是，還沒到楚國地界，王老將軍派去請求賞賜的人就已經有五批。我實在忍不住了，挑個沒人的時候悄悄問他：「您這到底是為什麼啊？」王老將軍歎了一口氣，說道：「我也不願意這樣啊！可是你想想，咱們大王那麼愛猜疑，從來不信任別人。現在把全國的軍隊都交到我手裏，他能放心嗎？我左一個請求，右一個請求，只是為了讓他覺得我貪財，沒有野心。他安心了，我才能安全啊。」

聽了這番話，我張着嘴巴半天也說不出話來。唉，原來這才是老將軍擔心的事情啊！兒子，我蒙氏雖然三世受秦重用，恐怕也不及王老將軍啊。

蒙武

秦王政二十二年（前 225 年）× 月 × 日

一句話新聞

- 前 230 年，秦軍佔領韓國首都新鄭（今河南省新鄭市），韓王被俘，韓國滅亡。
- 前 228 年，秦將王翦率軍攻佔邯鄲（今河北省邯鄲市），生擒趙王，趙國滅亡。
- 前 225 年，秦將王賁攻佔魏國首都大梁（今河南省開封），魏國滅亡。
- 前 223 年，秦將王翦、蒙武生擒楚王，楚國滅亡。
- 前 222 年，秦將王賁伐燕，生擒燕王，燕國滅亡。
- 前 221 年，秦軍突襲齊國首都臨淄（今山東省淄博市臨淄區），齊王投降。

天下都歸秦國了

齊王建
自述

　　我是田建，曾經當了四十多年齊王，但是現在，齊國已經沒了，燕、趙、韓、魏、楚國早就沒了，全天下只剩下一個國家，就是秦國。

　　和「七雄」裏的其他國家相比，齊國在東方的海邊，離秦國最遠。秦國也一直對我們很客氣。我派去的使者回來時都帶着大包小包的禮物，向我報告說，跟秦國搞好關係才是最明智的，其他國家說什麼聯合抗秦，千萬別聽。我想也是，人際交往都要講信義，跟秦國關係好了，他還能打我嗎？

　　所以，秦國打韓國、打趙國、打魏國、打楚國，一直到打燕國，我都沒有擔心過。不就是因為他們關係不好才打起來的嗎？那幾個國家捱

打的時候來齊國討要救兵，我都沒有搭理他們。

可我萬萬沒有想到，亡國的命運最後竟然會落在我的頭上 —— 在掃平五國之後，秦軍突然襲擊齊國。這幾年，我只顧搞好國際關係，根本沒管過軍隊訓練的事，所以秦軍沒花什麼力氣就打到我家門口來了。

說實話，直到這時我還對秦國抱有一絲幻想，畢竟是那麼多年的友好邦國呀！所以，在秦軍承諾給我留五百里土地後，我向他們投降了。但是，我實在是高估了自己，也高估了秦國的信用等級啊……

秦國人根本就沒打算給我留下哪怕一畝土地。我一投降，就被扔到一片松樹林裏，不給我衣服和糧食，也不許走出來一步。當了一輩子國王的我，難道要學松鼠啃松果嗎？

我真後悔沒有參加諸侯合縱同盟，真後悔相信秦國會講信用，真後悔……唉，事到如今，後悔也沒用了。在一個亂世之中，想與世無爭的獨享太平，根本是不可能的事啊！

1. 下面哪一個不是戰國四公子之一？

   A. 平原君　　B. 信陵君　　C. 孟嘗君　　D. 馬服君

2. 成語「紙上談兵」和下面哪一次戰役有關？

   A. 閼與之戰　　B. 長平之戰

   C. 邯鄲之戰　　D. 伐楚之戰

3. 下面哪一個不是秦國的名將？

   A. 白起　　B. 趙奢　　C. 王翦　　D. 王賁

4. 偷了兵符帶兵救趙國的人是誰？

   A. 孟嘗君　　B. 平原君　　C. 春申君　　D. 信陵君

5. 燕太子丹想用什麼方法戰勝秦國？

   A. 圍魏救趙　　B. 刺殺秦王

   C. 誘敵深入　　D. 合縱連橫

答案：1.D　2.B　3.B　4.D　5.B

千古一帝

4

◎秦王嬴政橫掃六國，統一天下，成為「始皇帝」。他會如何管理大秦呢？

◎天下成為一家，制度、文字、貨幣、尺寸……全都統一，甚至思想、言論也不允許出現不同聲音。秦朝就像一架嶄新的馬車，在統一的道路上努力地奔跑。

◎可是，真的會像「始皇帝」設想的那樣，秦朝會二世、三世傳下去，一直傳到千世、萬世嗎？

「朕」是「始皇帝」

滅了六國，我心裏可高興啦！你想想，東周列國打了五百多年，最終全天下都成了我大秦的，這該是多大的功業啊！別說前代的商湯王、周武王，就連當年的三皇、五帝，論地盤大小，比權力高低，誰能跟我相抗？

這麼一想，我對自己的稱號就有了新想法——以前天子才叫「王」，後來天子不值錢了，大家都是「王」。現在我把所有的「王」都消滅了，再叫「秦王」明顯不合適。比「王」更高的是「皇」是「帝」，既然我比三皇、五帝都厲害，那我就叫「皇帝」吧！

作為有史以來的第一個「皇帝」，是比較有里程碑意義的，所以我是「始皇帝」。打我這兒起，咱大秦的皇帝就叫二世、三世……這麼傳下去，一直傳到千世、萬世，沒有盡頭。這樣多好，哈哈！

我的稱號定下來了，相關的其他稱呼也得跟着改。比如說，以後我對外就不能稱「我」，要叫「朕」；以前誰都能說「朕如何如何」，現在只能我這麼說，別人說了就是謀反；我發的佈告叫「制」，下的命令叫「詔」。從此以後，這些詞兒只能我一個人用了！

對了，我還得換個大印！當年藺相如使壞，和氏璧到咸陽旅遊了一趟又回去了，可最後的結果還不是趙國滅亡，寶貝歸我了？我就用這塊和氏璧來做大印，刻上「受命於天既壽永昌」八個字。咱老嬴家當皇帝是老天爺指定的，這大印嘛，就是皇權的象徵，一直傳給二世、三世……千萬世。

好啦！你們可都記住了，打今兒起，我……啊不，是「朕」！打今兒起，朕，就是「始皇帝」啦！

（大秦通訊社電）

秦始皇十月過元旦

　　戰國時代，齊國的鄒衍創造了一套「五德終始」學說。「五德」就是五行之德，指金德、木德、水德、火德、土德。只要有王朝興盛起來，一定是佔了一種「德」。五德之間還有「五勝」關係，就是土勝水、水勝火、火勝金、金勝木、木勝土。王朝的更替就是因為新王朝的「德」勝過了舊王朝。比如夏朝是木德，被金德的商朝取代；商朝又被火德的周朝取代；取代周朝的秦朝，自然也就是水德了。

　　秦始皇很喜歡這個理論。為了進一步確立秦朝的「水德」地位，他就按照「水德」進行改制，把十月份定為每年的第一個月，十月一日就變成了元旦。每到這一天，秦始皇都會舉行大型的迎新年慶祝活動。當然，他自己的禮服選用的也是屬水的黑顏色。

（摘自《大秦百科全書》）

國家應該怎麼管理

　　本報訊　秦朝統一了天下，秦王升級成了始皇帝，接下來要解決的就是一個非常實際的問題 —— 國家應該怎麼管。朝廷大臣分作兩派，在朝堂上針對這個問題展開了激烈的辯論。

　　其中一派叫作「分封派」，以丞相王綰（音同宛）為代表。王綰認為，以前燕國、齊國、楚國的那些地盤離咸陽太遠，不好管，應該分出

幾個諸侯國。皇上封自己的兒子去諸侯國做國王，讓他們負責管理各自的地盤。

另一派叫作「郡縣派」，以廷尉（相當於司法部長）李斯為代表。李斯認為，周朝剛建立的時候，封了很多兄弟、兒子當諸侯。開頭那些年，這些諸侯親戚相互之間還挺和諧、友好，但沒過幾代，情誼就疏遠了，甚至還你打我、我打你鬧個沒完，像仇人一樣，連周朝天子也管不住。現在好不容易把全國又統一起來了，還應像以前秦國境內那樣劃分成郡、縣，這樣管理起來才不會麻煩。至於那些皇親和功臣，多分幾套房子，多發點兒獎金，好好養起來就行了。只有全國都聽中央的，天下才能安定。

辯論到最後，秦始皇做了總結發言。他說，春秋戰國打了那麼多年，就是分封諸侯造成的惡果。現在天下統一，不用打仗了，但如果再把自己的兒子們分到偏僻的地方去當王爺，難免最終還會像當年周朝一樣，互相打成一鍋粥。到了那一天再去想辦法平息戰爭，就太困難了。

辯論結束後，秦始皇當場下令支持「郡縣派」。他把全國劃分成三十六個郡，郡下面分縣，由中央選拔一批人，派到各個郡、縣去當官。這些郡長、縣長都必須聽從中央的命令，也就是說，他們都要聽皇帝的指揮。為了讓郡守、縣官努力工作，還特別實行了官員考核制度，叫作「上計」制。每年年底，各縣向所屬郡，然後各郡向中央彙報全年的工作情況，包括農業生產、戶口增長、稅收數量、治安情況等等，由中央給地方官打分評級，高分的升官受賞，低分的受罰。

至於那些皇子和功臣們，就像李斯提議的那樣，拿了皇帝賞賜的大量錢財，在首都咸陽過起了不用操心的舒服日子。

（《大秦時事報》記者　夏蒙）

小篆成為大秦標準字體

今天，首都咸陽城門外的廣場上人山人海，彩旗飄揚。廣場正當中的主席台上拉着一條橫幅，上面寫着「大秦帝國標準字體首發式」十一個大字。主席台周圍，還有「統一文字，利國利民」「小篆是最受歡迎的字體」等大幅標語。

據主持人介紹，由於以前七國文字各不相同，有時同一個字的形狀差別非常大，給交流帶來許多不便。統一全國後，秦始皇下令以原先秦國的文字為基礎，對六國文字進行整理規範。本次發行的標準字帖共有三種，分別是李斯寫的《倉頡篇》、趙高寫的《爰歷篇》和胡毋敬寫的《博學篇》。這種標準字體的名稱叫作「小篆」，而在此之前的各國文字被統稱為「史籀（音同宙）、大篆」。

記者採訪了幾位熱心觀眾，問他們為什麼對標準字體的誕生這麼關注，有一位愛好旅遊的觀眾是這麼回答的：「以前我到其他國家去，語言交流很困難，文字也看不懂，遇到過不少麻煩。現在有了標準字體，我能看懂交通指示牌，再也不用擔心迷路了！」

（《咸陽晚報》記者　蒙一一）

為什麼沒收我家的菜刀

親愛的編輯：

您好！我是邯鄲的一名普通百姓。說實話，對於秦國統一全國這件事，我其實沒有太多想法。老百姓圖的就是安定，大家都屬於一個國家，不用打仗，這也挺好。可是前兩天有件事情讓我很納悶兒，有軍隊挨家挨戶搜查，說奉了始皇帝的命令，要收繳武器。我家隔壁的獵戶王二的弓箭被沒收了，對門那位讀書人小劉用來鎮宅的寶劍也被收走了。我原想家裏沒什麼殺傷性武器吧，可是他們硬是把我家的菜刀拿走了。我真的覺得很奇怪，他是皇帝，要我家菜刀幹什麼，我以後用什麼切菜呢？

趙小毛

× 年 × 月 × 日

親愛的趙小毛讀者：

您好！經過向有關部門諮詢，現將你的疑問答覆如下：

始皇帝收繳天下武器，一是表示全國統一，再不用打仗了；二是防備原先六國的老百姓造反。這些收來的武器都被熔化了，鑄造成十二個很大很大的銅人，擺在皇宮大院裏。剩下的就用來造很大很大的鐘和鐘架，皇帝舉行宴會的時候用它們來伴奏。可以確定的是，你家的菜刀應該已經成為這些巨大銅器的一部分了。

關於第二個問題，我想你恐怕只能用瓦片、石片之類的東西切菜了，至少，用它們你不會有造反的嫌疑。

謝謝你對本報的關注，歡迎提供新聞線索。

《大秦生活報》編輯

× 年 × 月 × 日

我的博物館

　　從小我就喜歡收藏各個諸侯國的稀罕玩意兒，爸爸對我的愛好十分支持，到外地出差，總會給我帶點兒當地特有的東西回來。所以別看我現在年紀小，收藏的寶貝可不少，可以說是一個小小的博物館啦！不信，就聽我來向你介紹介紹。

　　就拿我收集的錢幣來說，真是種類繁多、形狀各異啊！形狀像鏟子的是韓國、趙國和魏國的錢幣；形狀像大刀的是齊國和燕國的。最有意思的要數楚國用的銅貝，是模仿最早的錢幣——海貝的形狀製作的。它還有個名字叫「蟻鼻錢」，因為看起來很像螞蟻的鼻子哦！當然，我的藏品中最多的還是咱們秦國的環錢，外形是圓的，中間有個孔。不過早先的環錢有方孔的和圓孔的，始皇帝統一貨幣後，就只有方孔錢了。在這裏我想考考大家，知道每個方孔錢有多重嗎？哈哈，其實答案就在

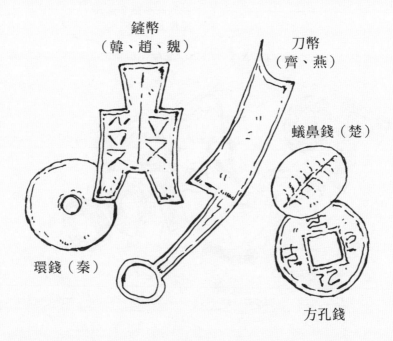

鏟幣
（韓、趙、魏）

刀幣
（齊、燕）

蟻鼻錢（楚）

環錢（秦）

方孔錢

錢幣上。看見上面鑄的「半兩」兩個字了嗎？所以啊，這種統一的貨幣也叫「秦半兩錢」。

我的另外一類收藏品是各種尺子、升斗和秤，也就是老師說的度、量、衡。各國的錢幣不一樣，尺寸、體積、重量的標準也不一樣。舉個例子來說，把各個諸侯國的一尺布放在一起做比較，會發現有長有短，幾乎沒有同等長度的；同樣的一斗米，也是有多有少各不相同；重量標準也是這樣，同樣一個小朋友，用秦國的秤稱出來體重 80 斤，換其他國家的秤，說不定就成了 70 斤或者 100 斤。因為這種亂糟糟的狀況，各個地區之間的商業交流非常麻煩。因此，秦始皇才下令把原先各國的度、量、衡都廢除，統一製作了許多尺子、升斗、權（即秤砣，類似後世的砝碼），給各個郡縣當標準。

前面介紹的只是我收藏的很小一部分，篇幅所限，其他東西我就不一一介紹啦。

（咸陽第一中心小學四年級　李小斯）

重新修建貫通全國的大道

大秦中央政府各部門、郡縣負責人：

以前各國的馬車都不一樣大，有的寬，有的窄。現在全國統一了，這事情也得改改。我決定，今後所有的馬車，不管大小，兩個輪子的距離都必須是六尺。為了讓馬車走得方便，立即召集人力，修建寬度統一的大道。把以前各國的公路全連起來，重新修一遍！

我計劃的國家大道叫「馳道」，以咸陽為中心，北邊到原來燕國的遼東，東邊一直到東海，南邊到原先吳國、楚國的地區。也就是說，全國三十六郡要做到郡郡通大道、縣縣走馬車！馳道的寬度統一為五十步，也就是三百尺（約合今 69 米）。道路兩邊每隔三丈（約合今 7 米）種一棵松樹，為行人遮陽擋雨。

另外，我們北邊現在還有敵人匈奴，為了方便運兵運糧，再從雲陽（今陝西淳化縣）到九原（今內蒙古包頭市），修築比馳道更高級的大路，叫「直道」。直道一共長一千八百里，一直通到沙漠裏，為我們的軍事行動提供便利。

還有，夜郎（今貴州境內）、滇（今雲南昆明滇池一帶）、昆明（今雲南大理一帶）這些地區都是高原山脈，修馳道難度太大，那邊的道路就修五尺寬吧。

修路工程量非常龐大。為了保證工程進展順利，各郡縣都要組織人力，特別是那些罪犯，把他們全部拉來修路，用勞動來抵償罪過。中央各部門也要給修路工程提供各種方便。

欽此

嬴政

×年×月×日

秦始皇其實很勤奮

說起我們這位秦始皇啊，在皇宮裏當差的人都知道，他其實是個很勤奮的人。比如說，只要不出門，他屋子裏就會堆滿全國各地送來的文件、報告。而且，他並不是只管簽字蓋章，而是一份一份認真地看。他屋裏還特意放了一杆秤，每天最低標準是看完一百二十斤竹簡。一百二十斤！要兩個壯漢才能抬得動。你可以想象他有多辛苦了吧？

有人可能會說，秦始皇不是經常出去巡遊天下嗎？還要封山祭河。我必須肯定這是事實，但是不能簡單地把這事兒當成旅遊。每次出去巡遊，每到一個地方，他都要把當地官員找來，詳細調查當地的情況。要不然，他怎麼會做出北面讓蒙恬將軍討伐匈奴、南邊征服沿海地區的少數民族這種決定呢？現在蒙恬把匈奴佔去的地盤收復了，分成三十四個縣；南方也擴大了許多領土，設置了桂林（治所在今廣西壯族自治區桂平市）、南海（治所在今廣東省廣州市）、象郡（治所在今廣西壯族自治區崇左市）三個郡，這都是他調查研究之後決定的。而且，全國各地的各種文件還要照常看。這是多大的工作量啊！

不過，秦始皇這麼勤勞，只是因為他不放心把權力交給大臣，什麼事都得自己決定才心裏踏實。這個秉性他是改不了的，所以他也只能這樣勤勞下去了。

（秦皇宮秘書助理　劉丙　口述）

只看見皇上吃肉，沒看見皇上辛苦！

苦役要幹一輩子

按大秦法律規定，老百姓必須要服的勞役主要有三種：更卒、正卒和屯戍。更卒是指農民每年必須到郡縣裏服一個月的勞役；正卒是指成年男子一生要服兵役一年；屯戍是指成年男子一生中要守衛邊境一年。

如果只看上面這三種，會覺得服役很輕鬆，但實際上，臨時性的勞役還有很多，比如為軍隊運輸物資、修建工程等等。這些都沒有時間長短限制，而且隨時可能接到去幹活兒的命令。

另外按照規定，男子長到十七歲算正式公民，開始承擔各種勞役的義務，一直到年滿六十歲才正式「退休」。也就是說，從十七歲到六十歲這四十多年裏，要隨時聽候政府調遣。如果接到命令不去幹活兒，或者沒有按規定時間趕到幹活兒的地點，就要受到懲罰，嚴重的甚至會被處死。

所以，對於秦朝的老百姓來說，苦役是要幹一輩子的。

（摘自《大秦百科全書》）

大海深處找神仙

大秦通訊社電　今天一大早，東海邊，由三千童男、三千童女組成的龐大船隊揚帆起航，開始了到遙遠的海洋深處尋找神仙的旅程。

傳說，大海深處有蓬萊、方丈、瀛洲三座仙山，山上有神仙和不死

藥。秦始皇特別想長生不老，曾經多次派人到海外尋找仙山，但都沒有結果。因為有人說，只要凡人一接近，仙山就會飄走；還有人說，雖然沒能登上仙山，但是遠遠地看見過。所以秦始皇提拔了一個對神仙特別有研究的人，名叫徐福，派他率領童男童女再一次出海。

臨出發前，徐福慷慨激昂地宣誓說，一定不辜負皇帝陛下的期望，堅決要把不死藥帶回來。秦始皇很高興，又特別賞了他許多黃金。

在震天的鑼鼓聲中，徐福率領的船隊漸漸遠去。秦始皇站在海邊，眼中滿含期望，一直望着船隊消失在天的盡頭。

[秦始皇二十八年（前 219 年）× 月 × 日]

懸賞捉拿刺客張良

全國官員、百姓：

　　日前，始皇帝陛下巡遊至博浪沙（今河南省原陽縣東南）時，有刺客發動突然襲擊，用大鐵椎（音同錘）砸壞陛下的隨從車輛，然後逃走。陛下非常憤怒，簽發了Ａ級通緝令。

主犯：張良

身份：韓國貴族，從曾曾曾祖父到父親連續五代當韓國的宰相。韓國滅亡後，從事顛覆大秦的地下活動。

主要特徵：二十來歲，相貌白淨斯文，韓國口音。

罪行及犯罪等級：博浪沙刺殺行動總策劃，並負責放哨。死罪！

從犯：姓名不詳

身份：平民

主要特徵：三十來歲，身高體壯，有鬍鬚，口音未知，常攜帶一柄大鐵椎。

罪行及犯罪等級：博浪沙刺殺行動執行者，殺害衛兵數人。死罪！

　　如有知道以上兩名罪犯下落者，請速到當地治安部門舉報，賞黃金一千兩！

　　如有捉拿以上兩名罪犯並送交當地公安機關者，賞黃金五千兩！

大秦廷尉署

秦始皇二十九年（前218年）

拜師記

編者按 💬 張良，韓國貴族，謀刺秦始皇未遂，逃亡中。後來成為劉邦重要的謀士。

秦始皇三十年（前 217 年）六月三日　陰

一大早出去散步，空氣很好；想起韓國的大仇未報，心情很糟糕。怎麼才能把秦國推翻呢？這真是個大問題。

走到一座大橋下，遠遠地看見有位老先生蹺着腳坐在橋頭，還沒等我走近，他就兇巴巴地衝我吼：「小夥子，給我把鞋撿上來！」

聽到這麼沒頭沒腦的一句話，我心裏有點冒火，可一看他滿臉皺紋，眉毛鬍子都白了，也就沒法生氣。從橋上往下看，草叢裏真有一隻鞋，我就下去撿起來，拿到橋上遞給他。沒想到老頭兒把腳一伸，理直氣壯地說：「給我穿上！」

我被弄得哭笑不得。但人家這麼大年紀了，就當好人做到底吧，於是我就跪着恭恭敬敬地拿着鞋給他穿上。那老頭兒這才理了理鬍子，慢吞吞地站起來，大搖大擺地走了。居然連聲「謝謝」都沒有。

我覺得這事情太奇怪了，就跟在他身後慢慢溜達，想看個究竟。約莫走了半里地，老頭兒忽然回過身來，說：「你這小子不錯，我想教教你。五天後天剛亮的時候，到橋上來見我。」

一聽這話，我感覺這老人一定是個能人，趕緊跪下答應。

六月八日　晴

一早起來，匆匆忙忙地洗了臉，就到橋上去了。誰知道剛到那裏，就看見那位老先生怒氣沖沖地站在橋上，一看見我就說：「你跟老人家約好了，還遲到，怎麼會這樣？」還沒等我開口道歉，他轉身就走，只遠遠地飄來一句：「五天後再來。」

唉，今天又遲到了，可我明明一聽到雞叫就出門啦！臉都沒顧得上洗……

沒辦法，再等五天吧……

生怕再遲到，我半夜就跑到橋上來了，坐在涼風裏數了一會兒星星，突然聽到身後有人說：「這樣才對啊！」我趕緊跳起來向他施禮。

老先生笑眯眯地拿出一卷書，說：「你把這本書好好讀一遍，以後就可以當君王的老師了。」說完就頭也不回地走了。

我抱着書站在橋上愣了半天，想到這些天的經歷，真像做夢一樣。

挨到天亮，打開書一看，竟然是《太公兵法》！這相傳是姜太公的心血之作，我做夢都想不到的好書啊！我一定要好好把它讀懂、讀透，以後用來推翻秦朝！

時政辭典　萬里長城

匈奴是北方的遊牧民族，經常南下侵擾搶掠。為了防備匈奴入侵，北方的秦、趙、燕等諸侯國都在邊境上修建長城，駐兵防守。秦朝統一之後，匈奴成了國家唯一的安全隱患，所以秦始皇下令加大建設力度，把原先幾個國家的長城都連接在一起。這個工程由大將蒙恬負責，全國徵調了好幾十萬人參加勞動。最後工程完成時，從西邊的臨洮（今甘肅省岷縣）到東邊的遼東（今遼寧省遼陽以東），長達一萬餘里。

（選自《大秦百科全書》）

我的哥哥項羽

我的哥哥叫項羽，他是我最佩服的人。

聽叔叔項梁說，哥哥小時候最不愛學習。教他學文，才兩個月就不幹了；教他學武，舞弄了幾天寶劍又不學了。叔叔很生氣，罵他。沒想到哥哥說：「學文沒用，最多會寫自己的名字；學劍用處也不大，只能跟一個敵人相互砍來砍去。我要學的是『萬人敵』——指揮成千上萬人戰鬥的兵法。」

一聽這話，叔叔可高興了。為什麼呢？因為他的爸爸，也就是我和項羽哥哥的爺爺，是以前楚國的大將項燕。哥哥要學兵法，那可是我們項家的傳統啊！於是叔叔就專心教哥哥學兵法，可他沒想到，哥哥只把書大概看了一遍，又扔一邊去了。

就在前幾天，哥哥幹了一件差點兒把叔叔嚇死的事情。秦始皇巡視天下時，到我們這裏來了。那排場可真大，人山人海的。哥哥看了很興奮，大吼一聲：「我要取代這個人！」嚇得叔叔趕緊捂住他的嘴，把他拽回了家。

後來聽說有衛兵四處找那個大吼的人，他們哪裏知道，那個大嗓門的家夥已經被我叔叔鎖到屋裏啦！

哈，這種事情都敢幹，我真的太佩服項羽哥哥啦！

（東南小學四年級二班　項莊莊）

皇上，我們燒書吧

尊敬的始皇帝陛下：

以前各諸侯國長期打來打去，為了增強實力，都到處招攬有學問的人，這些人形成了好多不同觀點的學派。現在全國的權力都集中在中央了，老百姓都應該好好種地、做工，不胡思亂想，不議論朝政才對。但是偏偏有些讀書人，老是說古代的制度比現在的好，說國家統一是不對的，還常常拉幫結派，把這些亂七八糟的觀點到處傳播。這種行為大大損害了皇帝的權威形象和國家的穩定，實在是太可惡了！因此我鄭重建議陛下，我們燒書吧！

我認為，現在只有大秦一個統一的國家，其他諸侯國的史書都沒有存在的意義，除了留一兩本放在國家圖書館裏給學官讀一讀，其他的都該燒掉。像《詩經》《書經》和諸子百家那些書，更是造成社會不穩定的根源，應該通通燒掉。當然，醫藥、算卦、種田、種樹這種關係社會生產和民間和諧的，還是應該予以保留。

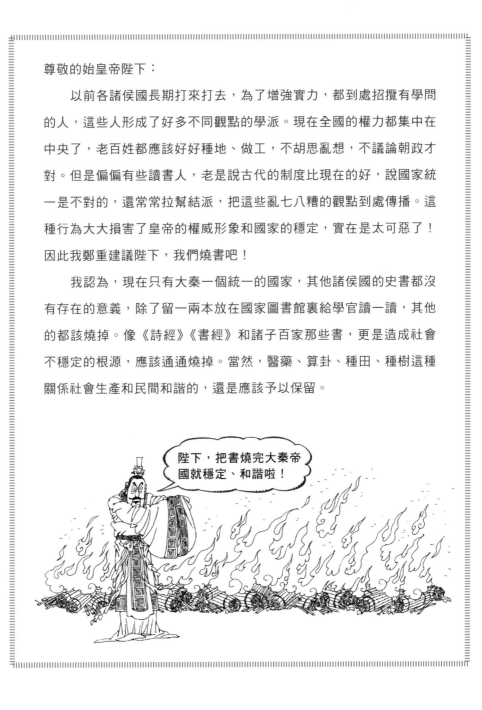

陛下，把書燒完大秦帝國就穩定、和諧啦！

因為民間書籍很多，如果沒有一些強制性的措施，燒書這事可能很難快速完成。我這裏提幾個建議，您看行不行：從命令發佈日開始算，三十天之內，全國百姓都要把自己家裏的書全部交出來，在地方官的監督下，現場燒掉；如果敢藏書不燒的，就在他臉上刺字，罰四年苦役。另外，在燒過書之後，如果有湊在一起討論這些禁書內容的，一律砍腦袋；如果敢說古代比大秦好的，全家一起殺掉；如果有官員發現以上情況卻不檢舉的，將受到和犯罪分子同樣的處罰。

　　我相信，只要把燒書行動認真貫徹落實，大秦帝國一定會更加團結、穩定、和諧的！

　　以上建議是否可行，請陛下指示。

臣　李斯

秦始皇三十四年（前-213 年）× 月 × 日

皇帝詔曰：
　　很好，就這麼辦！馬上辦！！

始皇帝　嬴政
× 月 × 日

逸聞趣事 秦始皇是個「宮殿控」

　　什麼叫「宮殿控」？就是指那些特別特別喜歡宮殿的人。在我們大秦帝國，最能配得上這三個字的，毫無疑問就是始皇帝陛下啦！

還沒統一全國時，每消滅一個國家，秦始皇就照着人家王宮的樣子，在咸陽北邊建造個一模一樣的。為了來回逛着方便，還把每座宮殿都連在一起，甚至還修造了很多廊橋。等到統一了全國，宮殿的規模已經從咸陽城門口，沿着渭河北岸一直到渭河和涇河匯合的地方。

如果你覺得這樣已經可以了，那就錯了。作為一個宮殿控，秦始皇還有更宏偉的理想 —— 他覺得咸陽城地小人口多，居住環境很不理想，就在渭河南岸開始興建更大的宮殿 —— 阿房宮工程。光一個前殿，從東牆到西牆就有三百丈，從南牆到北牆有五十丈，上面可以坐一萬人！這還不算，前殿的周圍還用木板搭起廊道，從阿房宮一直到終南山，八十里地，腳上不帶沾泥的！而這一塊，只是阿房宮的很小一部分，終南山才是正式的宮殿大門呢！然後，再以阿房宮為起點，修了上下兩層的廊橋，跨過渭河，直到咸陽……

就為了修這個阿房宮，秦始皇可是全國總動員啊，從全國各地調來了各種各樣的建築材料，建築工人更是有七十萬之多。

如果你覺得阿房宮已經是終點了，那你又錯了。在關中地區，有秦始皇大大小小的三百座行宮；在函谷關外，還有四百多座。以上所有的

宮殿裏，都有來自全國各地的美女、樂器、金銀財寶。如果你見到那場景，眼睛都會看花！

你或許會問：秦始皇建這麼多房子有什麼用？答案很簡單 —— 誰說皇帝蓋房子只是為了自己居住？人家「宮殿控」要的就是這個氣派！

（摘自《大秦逸聞報》）

特別報道　四百多儒生遭坑殺

本報訊　昨天上午，連續幾個月的儒生大搜捕終於有了結果 —— 四百六十多名儒生在首都咸陽被集體坑殺。

這一事件的起因是有人議論朝政，說秦始皇驕橫殘暴，把所有權力都抓在自己一個人手裏，用殘酷的刑罰來樹立自己的權威，導致大臣們天天心驚膽戰，不敢吐真言，只好說假話來哄他高興。這些言論讓秦始皇聽了非常生氣，就下令對咸陽一帶的儒生進行大搜捕，並嚴刑拷打，逼迫他們供出同黨。就這樣相互牽連，最終判定四百六十多人有罪，並在昨天全部處死，屍體堆積如山。

秦始皇還命令所有宣傳機構，把儒生被坑殺的消息傳遍天下，讓全國老百姓都知道，不許用言論攻擊皇帝陛下，否則這些儒生就是榜樣！

這一事件引起社會各界的廣泛關注，許多外地學者發來唁電，對首都儒生表示哀悼，並對這種摧殘文化的行為表示憤慨。秦始皇的大兒子扶蘇也認為這種殘忍的處理方式會引起全社會的恐慌，但他隨即被秦始皇臭罵了一頓，然後被派到北方邊境擔任蒙恬軍團的監軍。

（《大秦時政》記者　蒙一夏）

編輯補記 💬 儒生，指當時的讀書人。坑殺，又寫作「阬殺」，是殺死很多人之後，把屍體堆積到一起用土埋了的行為；一說即活埋。

信件轉載 「隸書」用起來更方便

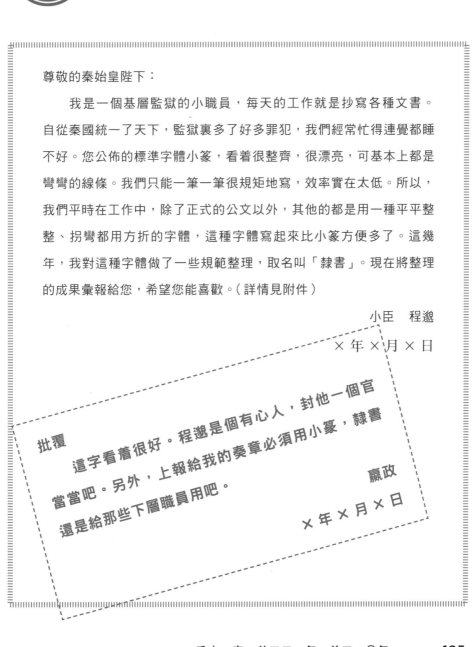

尊敬的秦始皇陛下：

　　我是一個基層監獄的小職員，每天的工作就是抄寫各種文書。自從秦國統一了天下，監獄裏多了好多罪犯，我們經常忙得連覺都睡不好。您公佈的標準字體小篆，看着很整齊，很漂亮，可基本上都是彎彎的線條。我們只能一筆一筆很規矩地寫，效率實在太低。所以，我們平時在工作中，除了正式的公文以外，其他的都是用一種平平整整、拐彎都用方折的字體，這種字體寫起來比小篆方便多了。這幾年，我對這種字體做了一些規範整理，取名叫「隸書」。現在將整理的成果彙報給您，希望您能喜歡。（詳情見附件）

小臣　程邈

×年×月×日

批覆

　　這字看着很好。程邈是個有心人，封他一個官當當吧。另外，上報給我的奏章必須用小篆，隸書還是給那些下層職員用吧。

嬴政

×年×月×日

　　雖然我最討厭聽到「死」這個字眼，但是也不得不承認，我現在恐怕真的要死了。我來安排幾件事。

　　趙高，你寫聖旨，讓扶蘇趕緊回首都咸陽，接到喪車之後，馬上給我辦喪事，然後繼承皇位。

　　李斯，現在離咸陽還有好多路，回咸陽的事情你來安排。車隊的所有人，包括小王子胡亥，一路上都必須聽你指揮。

　　胡亥，這麼多年來我最寵愛的就是你。你大哥扶蘇是個老實人，他繼位後一定會善待你的，你要聽他的話。另外，告訴你大哥，如果徐福回來了，馬上把他殺掉！這家夥騙我說去找不死藥，這麼多年都沒消息，辦事效率太低了。

　　唉，如果他這會兒把不死藥拿來該多好啊！

[秦始皇三十七年（前 210 年）七月二十日　趙高　記錄]

時事
劇場　　**關於繼承權的陰謀**

第一場　胡亥房間

　　趙高💬王子殿下，現在皇上已經去世了。李斯的保密工作做得很好，消息還沒有傳出去。如果你想成為二世皇帝的話，現在正是一個好機會。

胡亥（驚喜）💬父皇遺言說讓我大哥扶蘇繼承皇位，師父你能改變這個決定嗎？

趙高💬皇上臨終前讓我給扶蘇下聖旨，讓他到咸陽主持喪事，繼承皇位，但是，（從懷裏掏出物品）我沒有把聖旨送出去……

胡亥（茫然）💬那……我們該怎麼辦？

趙高（小聲）💬首先，當然是要把李斯搞定。我們要這樣……

第二場　李斯房間

李斯💬趙大人突然來訪，有什麼事嗎？

趙高💬老李，我們明人不說暗話。皇上給扶蘇的聖旨和大印現在都在胡亥王子的手裏。現在誰是下一任皇帝，就是我倆一句話的事兒啦！

李斯（驚恐）💬你怎麼可以說這種大逆不道的話？

趙高（冷笑）💬那我問你，你的才能、謀略、功勞、人緣，還有被扶蘇的信任程度，哪一條比得了蒙恬？

李斯💬……哪一條也比不了。

趙高💬如果扶蘇當了皇帝，丞相的職位肯定是蒙恬的。你老李，恐怕就是退出政治舞台的命嘍！

李斯💬……

趙高💬既然這樣，我們為什麼不讓胡亥繼承皇位呢？那樣我倆都是大功臣，權力和地位肯定少不了你的。到底要哪一樣，你自己選吧。

李斯（遲疑）💬……你的話，似乎……很有道理。唉！

第三場　北方前線軍營

傳旨官💬始皇帝陛下有旨，扶蘇到前線這麼久，沒有趕走匈奴建立戰功，還在奏章上誹謗自己的父親，簡直太不像話了！蒙恬身為大將，不

但不幫助扶蘇改正錯誤，還跟着他一起胡鬧，這就是犯罪！念在你們一個是王子，一個是大將，皇上也不過多批評了，請你們兩個自我了斷吧！

扶蘇、蒙恬（驚駭） 💬什麼？這怎麼可能？！

傳旨官 💬不相信？你們看看這聖旨，看看這大印，「受命於天既壽永昌」，哪一點兒不對了？

扶蘇（拔劍欲自殺） 💬天啊！父親你怎麼可以這樣？

蒙恬（抱住扶蘇） 💬王子殿下，您不能這樣，還是再派人去皇上那裏證實一下的好……

扶蘇（流淚掙脫） 💬做兒子的怎麼可以懷疑自己的父親呢？（揮劍自殺，倒地）

蒙恬（怒吼） 💬我不相信皇上會下這種聖旨！想讓我自殺，不可能！！

傳旨官（冷笑） 💬蒙將軍非要這樣的話，我也沒辦法了。來人啊，把他給我關進小黑屋！

眾兵上前把蒙恬押下。

傳旨官（得意地低聲對隨從） 💬你快回去報告小王子和趙大人，就說扶蘇已經搞定，蒙恬我過幾天就弄死他。沒什麼好擔心的啦！

獨家內幕 一車臭鮑魚是怎麼回事

本報訊　前些日子，本報接到許多讀者來信，說始皇帝陛下的車隊臭氣熏天。本報記者經過多方打聽，終於探聽出臭味的來源──秦始皇已經死啦！散發出臭氣的就是他的屍體和那一車鮑魚。

據不敢透露姓名的車隊負責人介紹，雖然皇家車隊看着好像一直很

正常地在趕路、休息，始皇帝每天按時吃飯、喝水、看文件，但實際上他已經死啦！那些飯、水、文件，都是由太監拿到他的馬車裏轉一圈就原封不動拿出來的。現在正是夏天，由於屍體沒有經過處理，已經腐爛變臭了，所以李斯丞相下令拉了一車臭鮑魚，用鮑魚的臭氣來掩蓋屍體的臭氣。

據透露，這段時間車隊一直在抓緊時間趕路，等回到咸陽就會發佈皇帝死亡的正式消息。當然，那時的皇帝就是胡亥了。

（《大秦傳奇》記者　鮑密）

1. 秦朝剛建立時，把全國分成多少個郡？

   A. 44　　　B. 36　　　C. 45　　　D. 39

2. 秦朝官方統一貨幣是什麼形狀？

   A. 貝殼形　　B. 刀形　　C. 圓形方孔　　D. 鏟形

3. 下面哪一種標準不是秦朝進行統一的？

   A. 文字　　B. 貨幣　　C. 尺寸　　D. 書籍

4. 誰策劃了博浪沙刺殺秦始皇？

   A. 荊軻　　B. 張良　　C. 項羽　　D. 胡亥

答案：1.B　2.C　3.D　4.B

5

揭竿起義

◎兩個趕赴邊關的戍卒，為什麼會舉起反抗秦朝暴政的大旗？

◎羊倌搖身一變，竟然成了「楚懷王」。這到底是怎麼回事？

◎大敵當前，項羽為何命令士兵打碎鍋碗，鑿沉船隻，堵死自己的退路？

◎當起義的火焰四處燃燒時，秦朝政權還能像磐石一樣穩固嗎？

秦始皇陵竟用活人陪葬

本報訊　（前210年）九月×日，始皇帝的葬禮在驪山舉行。

驪山陵墓規模龐大，高五十多丈，長達五里多。墓裏還建造了不少宮殿，擺放着各種奇珍異寶。另外，墓中還用水銀當流水，製作了「江河海洋」，通過機關的操作使「水」流動。墓頂模仿天空的樣子，用寶石鑲嵌出了滿天星辰。

在陵墓周圍，埋着成千上萬個兵馬俑，它們就像真人、真馬一樣，排列軍陣，「保護」陵墓的主人。為了預防盜墓，陵墓的各個角落還安裝了機關，一旦有人接近，就會自動射出利箭。

秦始皇剛即位就開始修建自己的陵墓。他從全國各地徵用了幾十萬勞力，不分白天黑夜地幹活兒，一直到他去世，修築了38年，陵墓還沒完工。

在沉痛的哀樂聲中，裝有秦始皇屍體的棺材被運進了驪山墓的地宮。這位大秦帝國的開創者，有史以來的第一個「皇帝」終於走到了他人生的終點。在葬禮現場，秦二世胡亥一直在假裝哭泣，眼睛裏卻閃爍着陰謀得逞的得意和興奮的光芒。

在下面好好陪着我老爸啊！

隨着胡亥一聲令下，秦始皇的那些沒有子女的妃子被驅趕過來，統統被推進了陵墓中。她們平時打扮得漂漂亮亮的，現在只能哭着喊着，被關在墓裏等死。

葬禮即將結束的時候，工匠們安放好陵墓內的機關，正準備退出，突然「轟隆」一聲巨響，沉重的墓門把他們也關在了裏面。胡亥得意地說：「有你們在裏面陪我爹，就不用擔心有人盜墓啦！」

（《大秦日報》記者　李由）

胡亥不念親情，屠殺手足

胡亥當上皇帝不到半年，就開始屠殺自己的兄弟姐妹。

這是趙高出的主意。他對胡亥說：「很多王子和大臣對你繼承皇位起了疑心。王子是你的哥哥們，大臣是先帝任用的，他們都會對你的皇位造成威脅。我建議，用最嚴厲的刑法和最殘忍的手段，將他們一網打盡。」這個壞主意得到了胡亥的贊同。

於是，一場大屠殺開始了。最先是一批高級官員被抓進監獄裏嚴刑逼供，然後是十二個王子在咸陽街頭被執行死刑，三個王子在皇宮裏被逼自殺，十個公主在郊外被五馬分屍……

皇室成員都陷入了恐慌之中。王子嬴高打算逃亡，又怕家人受到牽連，只好主動要求去驪山給秦始皇陪葬。胡亥高興地同意了，還批了十萬錢辦喪事。

趙高說：「這些皇族和大臣整天活在恐懼之中，哪還有時間想着造反呢？」二世皇帝胡亥十分滿意這次屠殺行動，賞了趙高很多財物。

（《大秦日報》記者　李由）

大澤鄉「起義」

秦二世元年（前 209 年）七月十二日　大雨

雨越下越大了，路上都是積水和爛泥，小河漲成了大河。橋也斷了，根本沒辦法走，我們來自陽城（今河南省登封市東南）等地的九百名壯丁（服勞役的民丁）只好在大澤鄉（今安徽省宿縣東南）停了下來。兩個帶隊的軍官跑到村民家裏去休息，我們只好砍些樹枝，搭了幾個棚子勉強躲雨。離我們的目的地漁陽（今北京市密雲縣西南）還有那麼遠的路，這可怎麼辦喲！

七月十六日　大雨

雨連續下了幾天，我們一直在棚子裏縮着，哪兒都去不了。我好想家，被派戍邊出來的時候，我娘正病着，不知現在怎麼樣了……

晚上，我翻來覆去睡不着，聽到陳勝、吳廣兩位大哥在悄悄商量着什麼。只聽陳大哥說：「這兒離漁陽還有幾千里，就算雨停了，也不能按時報到。按照律法，到時候我們這九百個人都要被砍腦袋啦！」一聽這話，我腦子裏「轟」地一下全亂了——我的大好青春，難道要以砍腦袋結束嗎？

吳大哥沉默了一會兒，小聲說：「要不我們逃走？」陳大哥搖搖頭：「逃到哪兒去？如果被官府抓回來，是個死；留在這兒，也是個死。反正都是死，我們不如起來造反吧！打仗戰死，也比白白去送死強。」

造反？這個詞讓我的心「怦怦」直跳，後面他們再說什麼也沒聽清楚。陳勝、吳廣是我們這批壯丁的小隊長，也是我最佩服的人。他們要幹的事，一定沒錯！

今天長官開恩，給我們改善伙食，派炊事員去買了幾條魚來。怪事就這樣發生了 —— 最大的那條魚肚子剛剖開，就露出了一塊綢子。本來這事兒已經夠稀罕了，更稀罕的是綢子上居然還有字！唸過幾天書的幾個人湊在一起研究了半天，說寫的是「陳勝王」。

還沒等魚下鍋，這事兒九百個人全知道了。陳勝大哥也聽說了，跑來把綢子拿了去，還警告說：「不許跟人亂說啊！要是讓長官知道了，我的命就完了。」

晚上，大家正三三兩兩地聊天，突然樹林裏傳來了奇怪的叫聲，剛開始還像是狐狸，後來越來越像人聲了。仔細聽聽，一句是「大楚興」，一句是「陳勝王」！這不和魚肚子裏綢子上的字一樣嗎？

同伴們都不說話了，伸着腦袋透過雨簾往黑乎乎的樹林裏瞅，只看見有幾個飄飄悠悠的火球兒，和那聲音一起，一會兒往左，一會兒往右，就這麼一遍一遍叫了好半天。等聲音停了，大夥兒又壓低嗓音議論起來，眼睛卻都往正在打呼嚕的陳勝那邊看。

我靜靜地躺在濕漉漉的草堆上，沒有參與大家的議論，想想自己是知道這個秘密的人，真是興奮。

兩個軍官醉醺醺地走過來，見我們都在躲雨，沒人搭理他們，就不乾不淨地罵了起來。吳廣大哥故意大聲抱怨：「又不能趕路，還不如跑回家去種地的好。」軍官像是抓住了什麼把柄似的，指着吳大哥大罵：「你好大的膽子，竟敢違抗朝廷的命令。你信不信，我把你砍了？！」說着就拔出腰刀衝了過來。

還沒等那軍官衝到跟前，陳勝大哥把腳一伸，軍官就趴倒在地。只見陳大哥伸手奪過腰刀，手起刀落，把那軍官砍成了兩段。還沒等大

家反應過來，吳大哥已經衝到另一個軍官面前，揮拳把他打翻在地，把刀奪了過來。那家夥頓時就怕了，抱着腦袋趴在泥水裏篩糠一樣抖個不停。

　　經過前幾天的怪事，大家早就把陳勝大哥當成了主心骨，一見鬧出了這等大事，都跑過來。陳勝大哥大聲說：「我們誤了期限，要被砍頭。這樣死得太冤了。所以，我們不如起來造反，死也要死得轟轟烈烈。那些王侯將相，難道是天生的嗎？」

　　九百個人一起高喊：「我們聽你的，反啦！」大家砍了很多木棒當武器，在竹子上綁兩根布條當旗幟，向大澤鄉的衙門衝了過去。

　　是啊，同樣是人，憑什麼我們就該被官老爺想打就打，想殺就殺？！大秦帝國不給我們活路，我們就打它個底朝天！

新聞快訊　陳勝自立為「楚王」

　　秦二世元年（前 209 年）秋，陳勝、吳廣率領九百名戍卒在大澤鄉發動起義。為了號召更多的人加入，他們宣稱是扶蘇和項燕的隊伍。因為扶蘇是秦始皇的大兒子，在老百姓中的威信很高，大家為他含冤而死感到惋惜；而大澤鄉原先是楚國地盤，楚國的大將軍項燕為抵禦秦國入侵而壯烈犧牲。

　　他們佔領大澤鄉後，接連攻下了好幾座城市，軍隊也像滾雪球一樣越來越多。原先的九百弟兄，到攻打陳縣（今河南省淮陽縣，曾是楚國

首都）城時，已經有了好幾萬人馬，很快就取得了勝利。

陳縣的老百姓非常擁護起義軍，請求陳勝稱王。於是，陳勝自立為「楚王」，號為「張楚」，並進一步招兵買馬，向秦國繼續發起進攻。

（《大楚戰報》記者　周文）

特別報道 全國出現大量起義軍

陳勝在大澤鄉起義之後，全國各地紛紛起兵響應。短短幾月時間，大秦帝國境內就出現了幾十支反政府武裝。特別是原先楚國地區，由上千人組成的隊伍多得數都數不清。在各地的起義軍中，比較有影響的首領有項梁、項羽、劉邦、英布、秦嘉、彭越、陳嬰等人。陳勝起義時，率領的九百個戍卒都是農民，但是後來，很多秦朝的低級官吏、地方上有名望的人、受到秦朝迫害的儒生也紛紛投奔起義軍。就連孔子的八世孫孔鮒也主動跑來當了陳勝的博士官。曾經策劃刺殺秦始皇的張良也帶着一百多人加入了劉邦的隊伍，成為他的重要謀士。

這時的起義軍幾乎包括了社會的各個階層，不管是人數還是規模，都是以前從來沒有過的。這更加說明了秦王朝是多麼的不得人心。在起義浪潮的衝擊下，秦朝這個龐然大物開始動搖起來。

（《張楚視界》特約評論員　張耳）

太平天下怎麼會有人造反

前幾天我很不高興，因為有個大臣到下面郡縣出差，回來報告說有人造反，應該盡早鎮壓。一聽這話，我的氣就不打一處來——像我這麼英明的人當皇帝，怎麼可能天下不太平？這完全是在造謠嘛！這家夥簡直太可惡了，我立刻把他臭罵一頓，關進了監獄。

可是我還是不高興，總覺得不管是朝廷大臣，還是宮女侍衛，總是偷偷地在一起議論什麼，還表現得很慌張很害怕。不管是陪我閒逛還是觀賞歌舞，經常有人會憂心忡忡地走神。難道他們相信了那些造反的鬼話？太不像話了！

我問趙高，老百姓造反是怎麼回事，趙高回答：「像你這樣既英明又對百姓好的皇帝，又有這麼多忠心耿耿的大臣，怎麼可能有人造你的反呢？」我覺得這話很有道理。

今天朝堂上，我問大臣們：「前幾天有人說東邊有百姓造反，現在情況怎麼樣了？」大臣們你看看我，我看看你，都異口同聲地回答：「哪裏有人造反啊？我們從來沒聽說過！」有個一向很老實的人還補充說：「東邊只是發生了幾起偷雞摸狗的盜竊事件。不過地方官很負責，已經帶兵把那些小蟊賊全部抓起來了。皇上不用操這心啦！」

聽了這些話，我感到很欣慰。大家都不知道有這事兒，說明造反真的是謠言嘛。我們秦兵的戰鬥力天下第一，對付幾個小偷還不容易？趙高做事很不錯，該好好獎賞他。至於那個造謠的家夥嘛，讓監獄長將他處死得了。

有「鴻鵠之志」的人

編輯先生：

　　您好！我和陳勝從小一起長大，好得就像親兄弟一樣。我們給富人種地，中途休息的時候，陳勝有時會說：「如果我有一天富貴了，是不會忘記老朋友的！」我們總是嘲笑他做白日夢，他也不生氣，只是說：「你們這些燕子與小麻雀怎麼知道天鵝的遠大志向呢？」

　　我知道陳勝是個有理想、有志氣的人，但我們都是窮光蛋，吃了上頓愁下頓，富貴什麼的也只能在夢裏想想了。可是事實證明我們都錯了——陳勝在大澤鄉揭竿起義，沒幾天就佔領了好幾個郡縣，當上了楚王！

　　俗話說：「皇帝還有三門窮親戚」呢。陳勝發達了，兄弟們想起他那句「富貴了不忘記老朋友」的話，就結伴跑到陳縣來投奔他。雖然只分別了幾個月，但一見到陳勝，那威風，那氣派，和以前種地的樣子簡直天差地別。我們都很高興，圍着他陳勝哥長、陳勝哥短地說個不停。他也很高興，拿出很多好吃的、好喝的招待我們，還讓我們住在他的王宮裏。但是沒幾天，陳勝的手下人給我們的臉色越來越不好看了，陳勝似乎越來越忙，經常不露面。我悄悄找一個和陳勝一起在大澤鄉起義的熟人打聽，才知道是有人向陳勝告狀，說這些老朋友太沒規矩，喜歡亂說話，會影響大王的光輝形象。我聽後傻站了老半天。

　　有一天，陳勝的老丈人也來到陳縣。陳勝不知怎麼了，竟然就像對普通客人一樣作了一個揖，老頭兒當場就氣炸了，說：「帶頭造反稱王，又對長輩傲慢，這樣的人不可能長久。」說完轉身就走。陳勝嚇了一跳，趕緊跪下來請求原諒，但老頭兒還是堅決地走了。這件

事讓我心裏很涼。對自己的老丈人都這樣，對我們這些老朋友會怎樣呢？

　　終於有一天，有兩個兄弟喝醉了酒，叫着陳勝的小名，說起當年一起偷菜打架的糗事。陳勝氣得拍起了几案翻了臉，叫衛兵把那倆家夥拖出去砍了腦袋。其他人都嚇壞了，連大氣都不敢出。

　　唉，陳勝已經不是當年那個和我們一起種地的陳勝了，大王又怎麼會和我們這些鄉下人稱兄道弟呢？我們幾個兄弟一合計，覺得再待下去說不定哪天也捱刀，還是回去老老實實種地吧。

　　臨走的時候，我寫下了這封信。我想不明白，陳勝離開家鄉才幾個月而已，難道「富貴」真的能讓人變得這麼快嗎？

陳小毛
×年×月×日

陳勝發達了，原來和他一起種地的朋友來投奔他。

陳勝，你好威風啊！

陳勝很高興，拿出很多好吃的，好喝的招待我們。

您這些老朋友太沒規矩，喜歡亂說話，會影響您的光輝形象。

嗯……

不送了啊……

帶頭造反稱王，又對長輩傲慢，這樣的人不可能長久。

陳勝的老丈人也來找陳勝，陳勝竟然就像對待普通客人一樣。老頭兒氣炸了，轉身就走。

劉邦當「沛公」

　　劉邦，又名劉季，沛縣（今江蘇省沛縣）人，曾經當過泗水亭亭長，起兵造反的時候是個通緝犯。

　　還是在當亭長的時候，劉邦曾奉命押送一批犯人到驪山修秦始皇的陵墓。半路上，犯人們一有機會就三三兩兩地逃跑，沒幾天就跑了一小半。劉邦見到這種情況，估計到驪山的時候，犯人也跑得差不多了，索性把犯人們全放了，說：「你們都逃命去吧，我也要遠走高飛啦！」於是他也跑到山裏躲了起來。

　　按照秦朝的法律，劉邦私放犯人是死罪，所以就成了一個通緝犯。但是沛縣的年輕人都很佩服他，有些人還跑到山裏跟他一起流浪。

　　陳勝起義之後，沛縣的縣長打算響應。縣政府秘書蕭何和獄官曹參建議說：「你是秦朝的官員，起兵老百姓不一定支持，最好是找些逃亡在外的人回來幫忙。」縣長就讓樊噲（音同快）去山裏找劉邦。還沒等樊噲回來，縣長突然想，萬一劉邦回來不受控制怎麼辦？他越想越怕，就下令關門守城，還準備殺掉出主意的蕭何和曹參，免得他們給劉邦做內應。蕭、曹兩人得到消息，翻過城牆逃跑了。劉邦與樊噲結伴回到沛縣，老百姓殺掉了縣長，大開城門，擁立他當「沛公」。

　　縣長根本沒想到，蕭何、曹參、樊噲都是劉邦的好朋友。在他們的幫助下，劉邦召集了三千人馬，正式樹起了反秦的大旗。

　　　　　　　　　　　　　　　　　　　　（《沛縣通訊》記者　呂文）

老百姓打到皇帝眼皮底下了

緊急情報

情報來源：大秦情報局函谷關分站

報 告 人：大秦情報局函谷關分站代理站長李二

密 級：絕密

緊急程度：十萬火急

時 間：二世元年（前209年）九月

正 文：

> 皇帝陛下：
>
> 造反的老百姓已經攻破函谷關，打到了戲（今陝西省臨潼東北），離首都咸陽只有一百里，就在陛下眼皮子底下啦！
>
> 據情報員打探回來的消息，陳勝重新部署了軍事計劃，分兵七路，向西、北、南三個方向推進。其中代理楚王吳廣攻打滎（音同刑）陽（今河南省滎陽市），周文率領主力部隊進攻函谷關。這兩支部隊對我們的威脅是最大的。特別是周文這一支，一路上有許多農民加入，到函谷關時已經有上千輛兵車、幾十萬士兵，聲勢十分浩大，幾乎沒費什麼力氣就把函谷關佔領了。本站站長王大牛也被他們抓住砍了腦袋。
>
> 如果陛下還不趕緊組織人馬抵抗，大秦朝就要滅亡啦！

犯人們，都來當兵吧

修建驪山陵墓的犯人們：

朕把你們的罪全部赦免啦！從今天起，你們都恢復自由啦！

但是，現在有人造反，還要進攻咸陽，讓朕很是擔憂。免去你們的罪，是為了讓你們為大秦朝的和平穩定做出貢獻。所以，你們都來當兵吧！只要參加政府軍，不但給發薪水，還有立功受賞的機會。你們將在大將章邯（音同含）的帶領下，英勇殺敵，把那些反賊趕出函谷關。到那時，朕還會重重獎賞你們！

大秦二世皇帝　胡亥

二世元年（前 209 年）九月

獨家內幕 起義軍隊伍出現分裂

在天下英雄紛紛起兵反抗秦朝的關鍵時刻，起義軍內部卻出現了分裂分子，他們是誰呢？

第一個搞分裂的人叫武臣。他和陳勝一起在大澤鄉起義，又被任命為將軍，負責攻佔原先趙國的地區。佔領邯鄲後，因為手下的煽動，武臣宣佈自立為趙王，而且在接到進關支援周文的命令後，不但不予理睬，還四處擴張搶地盤。他這種搞分裂的行為很快就被人學了去 —— 韓

廣。韓廣被武臣派去搶奪原先燕國的地盤，勝利之後馬上宣佈自己是燕王，把武臣氣了個半死。

另一個搞分裂的人是被派去攻略原魏國地區的周市。不過周市沒有自己當魏王，而是找了一個魏國貴族當國王，自己當了宰相。

另外，原先齊國的貴族田氏三兄弟，藉着天下大亂的機會，起兵佔領了原先齊國的地盤。就這樣，陳勝起義還不到三個月，就冒出了趙、燕、齊、魏四個新「國家」。

（《張楚軍事》記者　何口快）

飛鴿傳書　陳勝、吳廣之死

1

章邯的捷報

尊敬的皇帝陛下：

　　報告您一個好消息！經過幾個月的連續戰鬥，我終於把周文打敗啦！這個帶了一幫種地的農民就敢來攻打咸陽的狂妄傢夥，不但被趕出了函谷關，還被我逼得自殺啦！看來，我這支軍隊的戰鬥力還不錯嘛！

大將　章邯

二世二年（前 208 年）十一月

吳廣被謀殺

報告尊敬的楚王：

　　我們包圍滎陽這麼久，一直都沒能攻下這座城池，現在章邯帶的秦兵就要來了。我建議用少量兵力繼續包圍滎陽，用主力去打章邯，可是代理王事的吳廣不同意。他這種不懂軍事的人怎麼可以當統帥？所以我假藉你的名義把他殺了。現在我要帶弟兄們消滅章邯去了，祝我好運吧！

臣　田臧
二世二年（前 208 年）十一月

西征軍大敗

報告楚王：

　　田臧率領主力和章邯交戰，不幸犧牲。章邯率領秦軍一窩蜂似的衝了過來，我的包圍圈一下子就被衝得七零八落。本來我們的兵力就不如章邯，還要分開兩邊作戰，簡直是自己找死啊！好了，就寫到這裏吧。章邯已經帶人衝上來了，我沒法繼續跟隨你啦，只希望多殺幾個敵人……

臣　李歸
二世二年（前 208 年）十一月

陳勝被車夫殺死

尊敬的秦二世皇帝陛下：

　　天大的好消息！今天有人來投案自首，自稱是陳勝的車夫，叫莊賈。他來見我時懷抱着一個人頭，說是陳勝的。我派間諜去偵察了一下，果然陳勝已經被這個人殺死了。特向您報告這個大喜訊！

　　　　　　　　　　　　　　　　　　　　大將　章邯

　　　　　　　　　　　　　　　二世二年（前 208 年）十二月

時政新聞

羊倌轉身變大王

　　在一次軍事會議上，每天在野外放羊的熊心竟搖身一變，成了楚懷王。這到底是怎麼回事？

　　這次會議是由楚國大將項梁召開的。主要是討論陳勝犧牲以後大家怎麼辦。謀士范增提議說，以前有人說「楚雖三戶，亡秦必楚」，也就是說，就算楚國只剩下三戶人家，也能消滅秦國。陳勝失敗，就因為他不是楚國的王族，所以我們應該找一個正宗的楚國王族後代來當楚王，這樣才更有號召力。

　　項梁自己就是楚國人，當然贊同這個建議。會一開完，他就派人到處尋找當年楚懷王的後代，於是找到了正在放羊的熊心。

　　幾個月後，熊心當上了「楚懷王」，和他被騙到秦國軟禁至死的爺爺王號一樣。項梁是想藉這一點來號召楚國人民一起向秦國報仇。於是一

夜之間，羊倌變成了反秦大軍的領袖。

　　趁這個機會，張良也向項梁建議恢復韓國，於是立了韓國貴族韓成當韓王，張良做了韓國的司徒（類似宰相）。

（《楚國新報》記者　梅方自）

知情爆料　趙高的「陷阱三步曲」

　　秦二世二年（前 208 年），秦朝丞相李斯在咸陽大街上被當眾處死。據消息靈通人士透露，李斯死得這麼慘，是因為他掉進了趙高的陷阱。

　　趙高挖陷阱的第一步是親自跑到李斯家裏去，裝出一副憂國憂民的樣子，說：「現在造反的人越來越多，皇上卻調集大批苦力修阿房宮，還搜集狗啊、馬啊之類沒用的東西。我想勸他，可是地位太低，說了不一定有用，還是丞相您的話比較有分量。只要您肯去提意見，我一定在皇宮裏給您提供方便。」李斯本來就為見不到胡亥而發愁，一聽到這話，就十分高興地同意了。

　　趙高挖陷阱的第二步是每次在胡亥和一大群美女吃喝玩樂正高興的時候，派人通知李斯進見。開始幾次，胡亥雖然不高興，還勉強出來應付一下，次數一多就大發雷霆了：「我有空的時候他不來，老是在這時候找麻煩。欺負我年輕，是嗎？」趙高趁機在胡亥耳邊說了李斯很多壞話，比如李斯不滿意只當宰相，想封王啦；李斯的兒子李由勾結盜匪想造反啦，等等。胡亥又驚又怕，秘密派人去調查李由。過了幾天，李斯又上奏章要求暫停修建阿房宮。胡亥更加生氣，說：「掌權的好處就是想幹什麼就幹什麼。我修宮殿是為彰顯我爹的偉大業績，你們這些大臣沒本事

皇上天天吃喝玩樂，你去勸勸吧！

皇上今天有空，您去吧！

真煩人！你是欺負我年輕嗎？

李斯勸諫的次數多了，惹得胡亥大發雷霆。

皇上，您應該以國事為重啊！

李斯被下了大獄……

只要李斯不認罪，就會受到趙高更嚴重的拷打。

我有罪！我要謀反！

消滅盜匪，還要取消這麼重大的工程，那我還要你們當官幹嗎？」一聲令下，把李斯抓進了大牢。

趙高挖陷阱的第三步是擔任了李斯案件的審判長。經過多次嚴刑拷打，李斯終於熬不住了，承認自己謀反。趙高還派人假冒胡亥派來複查案情的調查人員，只要李斯不認罪表示自己清白，就會受到更嚴重的拷打。這樣次數一多，李斯害怕自己再遭罪，不管誰來問都只敢說「我要謀反」。於是趙高滿意地把審訊結果報告給胡亥。李斯被認定罪大惡極，全家人都被處死了。

（摘自街頭小報《大秦秘事》）

戰地報道 驕兵必敗，項梁身亡

大楚通訊社戰地消息：大將項梁在定陶（今山東省定陶縣）與章邯大戰，不幸兵敗身死。

項梁擔任楚國大將之後，連續打了好幾個勝仗。他非常高興，整天把「秦軍有什麼了不起」這句話掛在嘴邊。項梁有個叫宋義的手下看到這情形很擔心，對他說：「如果打了勝仗後，將領和士兵開始驕傲懶散，就免不了會失敗。現在我軍已經出現了這種苗頭，而秦軍卻不停地有部隊來增援，兵力一天比一天強，一定要注意！」項梁不但聽不進去，還覺得宋義很礙眼，就打發他到齊國去出差。結果沒過幾天，胡亥派來的大批增援部隊就趕到了，在章邯的率領下大舉進攻定陶。楚國軍隊被打得一敗塗地，項梁就這樣死掉了。

驕兵必敗，項梁用自己的生命證明了這個道理。

（記者 王大嘴）

項羽殺宋義奪兵權

尊敬的楚王：

我叫桓楚，項羽派我來向您彙報一個重大事件，他已經把那個貪生怕死的統帥宋義殺掉啦！

前些日子，您讓宋義帶着二十萬大軍去救趙國。但是離趙國還很遠，他就按兵不動了，而且一連歇了四十多天。

時間一拖，趙國的形勢就更危急了。副將項羽去向宋義請戰，卻被他教訓了一頓：「現在秦、趙兩國力量相當，我們等他們鬥得兩敗俱傷時行動，才有把握取勝。」末了他還下了一道命令，說「不服從命令者全部砍頭」。

戰術問題我不太懂，可是很多事情我可看在眼裏了：十一月天這麼冷，又下着大雨，糧食也快沒了，士兵們又冷又餓，只能以吃豆子和野菜維持；可我們那位統帥卻把兒子送到齊國去做官，還大擺宴席，喝酒取樂。這是什麼情況？明明就是貪生怕死嘛！士兵們都在抱怨，再這樣下去，隊伍可就不好帶啦。

看到這種情況，項羽急壞了。他覺得再跟宋義浪費唾沫也沒用，於是一不做二不休，提起刀把他殺了，還說是接到您的命令才這麼做的。然後，項羽發出號召，說：「我們馬上就過漳河（黃河支流）打秦兵，搶他們的糧食！」部隊的士氣馬上就漲起來了，個個磨刀擦槍準備打仗。

現在，項羽已經被推舉為代理上將軍，帶領大家攻打秦兵去了。

彙報完畢，等待指示。我得回去追趕隊伍啦！

桓楚

破釜沉舟戰秦兵

秦軍將領王離率領大軍把鉅鹿（今河北省平鄉縣西南）圍得水泄不通。趙王躲在城裏，糧食也吃得差不多了，眼巴巴地盼望着救兵的到來。

救兵來了嗎？來了。趙王的求救信一送出去，各國的救兵就前後腳趕到了，在城外紮下了十幾座軍營。來了為什麼不打？因為秦兵勢力太大，王離帶了幾十萬人馬，他後面還有那殺人如麻的大將章邯做支援。各國援軍一見這架勢，誰都不敢輕易上前交戰，就連趙國自己的部隊，也只敢遠遠地望着。

可就有膽大的，這個人，就是項羽！

項羽殺掉宋義，奪了兵權，率領楚國大軍北上。剛渡過漳河，他就下了一道命令：將所有的船隻都鑿沉，鍋碗瓢盆都打破，帳篷都燒掉，每個人只帶三天的乾糧，全速進軍！為什麼會下這麼一道命令？這就是向全軍將士表示，反正是沒退路了，這一仗必須打贏！這下子，楚軍的士氣一下子就被鼓動起來了，一路急行軍來到了鉅鹿城下，給王離來了個反包圍。項羽親自帶兵發起衝鋒。

一開始，王離根本沒把楚軍放在眼裏——各國援兵加到一起那麼多，都沒敢跟秦軍正面交鋒，再來二十萬人又算什麼？可真正一交手，他心裏就連連叫苦。這幫楚國人根本不管自己會不會受傷，見了敵人就往死裏打。怎麼打仗這麼不要命啊？他哪裏知道，人家本來就是來拚命的！

短短三天，鉅鹿城下殺聲震天，一連進行了九次會戰，每次都是楚軍和秦軍單獨開戰。楚國士兵個個以一當十，殺得秦軍心驚膽戰。特別是楚軍統帥項羽，每次都衝在最前面，殺得秦兵看見他就躲。直到最後

一仗，王離被生擒活捉，其他秦將死的死、逃的逃、自殺的自殺，幾十萬大軍沒剩下幾個人。

最可笑的還是各國的援軍。秦、楚兩軍會戰，他們沒一個敢出來幫忙。項羽打了三天，他們就躲在軍營牆頭看了三天，嚇得大氣都不敢出。等到秦兵逃跑了，項羽召集各國將領見面，他們才如夢初醒，哆哆嗦嗦地進了楚軍大營，一見到項羽就「撲通」跪倒——嚇得。

鉅鹿一戰，項羽威震天下，成了各國反秦軍隊的首領。就連秦國的大將章邯也被嚇破了膽，沒過多久就投降了。

學生作文　顛倒黑白，指鹿為馬

今天，爸爸上完朝回來，滿臉愁容。我很奇怪，就問他怎麼了。爸爸歎了口氣說：「大秦朝要完啦！」

原來，早晨一上朝，趙高就牽過一頭鹿來，一本正經地對二世皇帝說：「我找到了一匹好馬，特地來獻給皇上。」皇帝一看就樂了：「你搞錯了吧？這明明是鹿，怎麼是馬呢？」趙高卻樂呵呵地說：「這真是馬，不信你問諸位大臣！」二世皇帝還真就問了，有很多人馬上說：「是馬，真是難得一見的好馬！」只有少數幾個說是鹿，更多的人卻一言不發。一看這情況，連二世皇帝自己都直愣愣地看着那匹「馬」，有點兒拿不定主意了……

我一聽就樂了。鹿頭上有角啊，怎麼會被認作馬呢？爸爸搖頭說道：「你還小，哪裏明白這些事。趙高指鹿為馬，是為了試探朝廷大

臣。將鹿說成馬的大臣，不是趙高的同黨，就是拍他馬屁的；而誠實地說是鹿的大臣，他們不畏強權，和趙高對着幹，過不了幾天就要倒霉了⋯⋯」

爸爸說的這些我有點兒不明白，現在大家都在說起義的軍隊打到咸陽了，只有皇帝一個人不知道。趙高演這齣「指鹿為馬」的戲，到底是想幹什麼呢？

（咸陽第一小學三年級二班　叔孫星星）

獨家內幕　皇宮裏的兩次謀殺

大秦王朝建立後的第十四年（前 207 年），短短一個月內，皇宮裏就連續發生了兩起謀殺案。第一起是大臣殺皇上，第二起是皇上殺大臣。

因為劉邦的軍隊一路打勝仗，離咸陽越來越近，趙高再也沒辦法隱瞞這天下造反的事，又怕秦二世胡亥翻臉，就決定先下手為強。他派自己的女婿──咸陽縣令閻樂率領精兵闖進皇宮，只要見到皇宮裏的工作人員就開弓放箭，連着殺了幾十個人。胡亥發現情況不對時，左右的人都已經跑得差不多了。等他逃到臥室裏，身邊只剩下一個宦官。

看到閻樂手裏寒光閃閃的寶劍，胡亥知道大勢已去，但還是抱着一絲希望問：「我能不能見趙高一面？」閻樂說：「當然不可以。」胡亥說：「求你給我一個郡的地盤，讓我當個小國王吧。」閻樂回答：「不行。」胡亥又要求做個侯爵，也被拒絕了。最後胡亥可憐巴巴地要求和皇后一起當平民，閻樂卻說：「我奉丞相命令鏟除暴君，你說再多也沒用。」胡

亥只好自殺。

然後，趙高召集大臣，通報了殺死胡亥的事，宣佈立王子子嬰當秦國國王。按照程序，子嬰要齋戒五天，再到太廟祭祀祖先，才能正式接受玉璽。

子嬰早就看不慣趙高了，更不想以後任他擺佈，就和兒子商量要把趙高除掉。舉行典禮那天，趙高和大臣們在太廟集合，三番五次派人請子嬰到場，子嬰都說身體不舒服。趙高很生氣，就親自出馬，跑來「教育」子嬰說：「祭祀祖先後即王位這麼重要的典禮，大王怎麼能不去呢？」沒想到話音沒落，子嬰身後的宦官就手起刀落，把趙高殺了。

（摘自《大秦風雲錄》）

新聞快訊 劉邦約法三章得民心

近日，咸陽城裏非常熱鬧，滿大街都是三五成群、興高采烈的市民。記者隨機採訪了幾個人，問他們為什麼這麼高興，得到的回答都是一樣的：「劉邦的約法三章，讓我們對今後的日子有了信心！」

原來，劉邦和項羽兵分兩路進攻秦國，劉邦接連取得勝利，先進入咸陽，才做了四十六天秦王的子嬰俯首投降。在樊噲、張良等人的建議下，劉邦把宮殿、庫房都封了起來，然後召集民間有威望的人開會，宣佈：「大家吃夠了秦朝的苦頭，日子都沒法過了。楚王曾經跟手下將領約定，誰先打進咸陽，誰就當關中王。所以我現在宣佈新的法律，一共三條：殺人的要償命；打傷人的按傷勢輕重定罪；偷盜搶劫的按贓物多少

定罪。從今天起，秦朝以前的所有法律全部作廢。各級官員和老百姓安心做事，不必害怕。」

一位市民激動地說：「以前當官的一來，不是收稅就是抓人服徭役，要麼就是說我犯了什麼稀奇古怪的罪。現在劉邦這三條，講得多明白啊！我們這些老實過日子的人可就安心了！」

另一位抱着酒罈子的市民也很高興，不過也有些失望：「一聽到這三條法令，我可高興了，因為今後再也不用交那些亂七八糟的稅錢了。我想，劉邦對咱們這麼好，咱們也該表示一下，就和街坊鄰居一起牽牛的牽牛，扛酒的扛酒，跑到軍營裏去慰問，可人家說什麼都不收。劉邦說了，軍糧還挺多的，不能拿老百姓的東西。這樣的官兒哪裏去找！」

談到對未來的設想，市民們紛紛表示：「但願楚王講信用，讓劉邦留下來當關中王。只有這樣，我們心裏才踏實啊！」

（《咸陽晚報》特約記者　張良）

時政辭典 子嬰為什麼不是「秦三世」

按照秦始皇的設想，秦二世之後應該是秦三世，但趙高殺了胡亥之後，宣佈：秦國本來是一個王國，因為統一了天下，國君才被稱為「皇帝」。現在六國都已經恢復了，秦朝的地盤越來越小，再用「皇帝」這個空名沒有必要，應該恢復當年的王國。所以，子嬰就成了秦王。

（摘自《大秦博覽》）

1. 陳勝、吳廣是在哪裏發動起義的？

   A. 驪山　　　B. 阿房宮　　　C. 大澤鄉　　　D. 咸陽

2. 秦朝鎮壓各國軍隊的軍事統帥是誰？

   A. 趙高　　　B. 李斯　　　C. 王離　　　D. 章邯

3. 項羽在哪一場戰鬥中確立了在諸侯中的領導地位？

   A. 大澤鄉之戰　　　B. 陳丘之戰

   C. 鉅鹿之戰　　　D. 定陶之戰

4. 下面哪一個成語和咸陽有關？

   A. 揭竿而起　　　B. 破釜沉舟

   C. 約法三章　　　D. 壁上觀

答案：1. C　2. D　3. C　4. C

6

楚漢爭雄（上）

前二〇六年～前二〇四年

◎秦朝推翻後，項羽當上了西楚霸王。可是，他封的諸侯王為什麼對他不滿？

◎劉邦被封到巴蜀，他為什麼要燒掉唯一的出口——棧道，斷了自己的後路？

◎誰逃跑了會讓蕭何連夜去追趕？這個人創造了哪些戰爭史上的奇跡？

◎項羽和劉邦之間的大戰，就這樣熱熱鬧鬧地開始了……

驚險、刺激的鴻門宴

　　各位觀眾朋友，早上好！我是楚國 TV 首席主持孫楚楚，在鴻門（今陝西省臨潼區東北）項羽的中軍大帳裏為您現場直播。我們將一起見證一個歷史時刻，兩路伐秦大軍的首領 —— 項羽和劉邦將要在這裏舉行會談。坐在正中位置的那位非常霸氣的年輕人就是上將軍項羽。他旁邊那位白鬍子老頭兒就是首席參謀范增。接下來那位是項伯將軍，也就是項羽的叔叔。其他人就不一一介紹了。

　　項羽的表情非常嚴肅。據說，有人向他打小報告，說劉邦因為先入關想當關中王，讓子嬰當丞相。項羽認為是自己消滅了秦軍主力，才讓劉邦搶了個先入關的便宜，所以十分生氣。如果不是有人勸阻，他還準備發兵消滅劉邦呢！

　　現在，沛公劉邦帶着張良走進大帳，一見面就跪倒行禮，態度很是恭敬啊！

　　項羽 💬 劉邦，你有三項大罪，知不知道？一，不殺子嬰還要重用他；二，改變法令，收買人心；三，派兵守函谷關，不放諸侯進關。你

還有什麼話說？

劉邦💬請將軍容稟。第一，子嬰投降，我派人把他關押起來，是等將軍您發落；第二，秦國法令太苛刻，我約法三章是為了向老百姓宣揚您的恩德；第三，我怕秦軍的殘兵作亂，才派人守關。託將軍洪福，我先一步進咸陽。誰知道有小人挑撥，使將軍誤會我，實在太可氣了。

項羽💬就是你手下曹無傷說的，要不然我怎麼會這麼想呢？好了，我們喝酒吧。

啊呀呀，項羽居然把打小報告的人說出來了，這可太有意思啦！下面進入喝酒環節，我們插播一段廣告。

廣告：（略）

廣告結束，精彩繼續！現在大家看到的是劍舞表演。表演者項莊是項羽的堂弟。只見他身手矯健，把寶劍舞成了一個光球。細心的觀眾可能會發現劉邦的表情非常難看，因為剛才項莊離他太近，削掉了他一撮頭髮。

可能是受到感染，項伯也拔出寶劍出場表演。兩人叮叮當當揮來舞去，果然比一人獨舞精彩得多。不過本主持發現，項伯一直擋在劉邦的几案前面。這是怎麼回事？我們來請教一下剛才離開，現在又走進來的范增參謀。

范增💬剛才我揮手示意項羽將軍殺劉邦，他裝作沒看見，我就出去找了項莊，讓他藉着舞劍把劉邦殺掉。可恨項伯這個家夥居然胳膊肘往外拐。我的情報員說他昨天晚上跑去找張良，還說張良說動他和劉邦結成了親家。本來我還不大相信，現在看來一定是真的了。

原來是這樣！真可以說是「項莊舞劍，意在沛公」啊。現在劉邦的參謀張良也走出了大帳，他是不是也去找幫手了呢？讓我們拭目以待！

張良剛出去沒多大會兒，帳外突然傳來一陣騷亂，一個全副武裝的人衝了進來，這個人是劉邦的手下樊噲。他闖進大帳想幹什麼？

　　樊噲 💬秦王像豺狼虎豹一樣壓迫人，才逼得天下人起來反抗。懷王本來說好誰先進咸陽誰就做關中王的，可現在沛公並沒有稱王，而是封了庫房，天天等着項羽將軍來。他立了這麼大的功勞，可項將軍不但沒表彰獎勵，還聽信小人的挑撥要殺他，這跟秦王有什麼兩樣？真搞不懂項將軍是怎麼想的。

　　樊噲這番話似乎打動了項羽。他很長時間沒說話，只是一個勁兒地喝酒。現在中軍大帳裏的氣氛十分沉悶，本主持人也直冒冷汗。

　　就在這緊張的時刻，沛公劉邦起身向項羽將軍打了個招呼，然後大步走出了大帳。讓我們抓住這個機會對他進行採訪，順便出去透透氣。

　　主持人 💬沛公您好，請您談談對這次會見的感受。

　　劉邦 💬對不起，我急着要上洗手間。

　　主持人 💬向支持您的咸陽百姓說幾句話，好嗎？……哎，您怎麼騎上馬跑啦？沛公，沛公，廁所在這邊啊！

　　各位觀眾對不起，由於劉邦急着回他的軍營上廁所，本次直播到此結束。謝謝各位收看。再見！

項羽火燒阿房宮

連日來，咸陽城內外的大火經久不熄，燒得夜裏半個天空都亮堂堂的。秦朝的宮殿，連帶着才修了一半的阿房宮，都被燒成了黑炭。

進入咸陽之後，項羽先把秦王子嬰殺了，又把秦朝的貴族和官吏殺了一大批。這樣還不解恨，還在各個宮殿放火。因為秦朝修的宮殿太多，特別是阿房宮的規模太大，所以大火一直燒了好幾個月才徹底熄滅。

對於燒宮殿這事兒，有人高興，比如項羽將軍就高興地說：「燒了它，讓這個可惡的秦朝斷根，這才算是報了仇，雪了恨嘛！」有人惋惜，因為這些宮殿都是那麼多苦力辛辛苦苦營造起來的，而且還有很高的藝術價值。還有人心疼宮殿裏的那些寶貝和美女。不過這顯然是多慮了，因為那些財寶和美女，早就被諸侯軍隊當成戰利品搶走啦！

（《大楚生活報》記者　陳平）

「西楚霸王」封王

封王嘍，封王嘍！秦朝被消滅啦！由項羽主持，各路人馬論功行賞，劃分地盤封王嘍！

你要問為什麼主持封王的是項羽，那你就 OUT 啦！經過鉅鹿之戰，項羽已經成為諸侯裏事實上的老大。因為他不願讓劉邦當關中王，曾向楚王熊心請示，沒想到楚王說一定要遵守承諾，項羽就生氣了。項羽覺

得，熊心就是一個小羊倌，讓他當楚王其實只是個幌子，衝鋒打仗的功勞都是將軍們的。現在秦朝已經滅亡了，還要這小羊倌幹什麼呢？於是，項羽主動給熊心升了一級，尊稱他為「義帝」，讓他住到長江南面的郴城（今湖南省郴州）去，實際上是奪了熊心的權。

收拾了這個不聽話的「義帝」，項羽就開始瓜分天下。因為不想被人說他毀約，他就宣稱「巴蜀（今四川省和重慶市一帶）也是關中的一部分」，把巴郡（今重慶市）、蜀郡（今四川省成都市）、漢中郡（屬今陝西省漢中市）封給劉邦，封他為「漢王」。然後把關中分成三國，任命秦國降將章邯、司馬欣、董翳（音同易）為王，把劉邦阻隔開來。這三個國家被稱為「三秦」。最後又把他的親信和跟他一起入關的將領封了一批，一共封了十八個諸侯王。

作為諸侯的首領，項羽的稱號是西楚霸王。他把自己家鄉附近的地區都劃給了自己，地盤在所有諸侯裏是最大的。然後，他就告別了被燒得只剩下一片廢墟的咸陽，興沖沖地到自己西楚國的首都彭城（今江蘇省徐州市）去了。

（西楚霸王元年二月　記者　夏伯）

劉邦自述 我被封到山溝溝裏了

編者按💬劉邦，沛縣（今江蘇省沛縣）人，常被人稱作「沛公」，目前為漢王。

氣死我啦，氣死我啦！項羽這個家夥，不讓我當關中王也就算了，還把我封到巴蜀那山溝溝裏去，簡直太欺負人啦！

剛接到任命文件，我就拍起了桌子：「全體集合！抄家伙，我們跟項羽那小子拚啦！」周勃、灌嬰、樊噲這幾個好戰分子一聽就來精神，屁顛屁顛地跑出去集合隊伍了。

這時候蕭何慢悠悠地開了腔：「唉！到巴蜀當漢王，總比死翹翹好吧？」我愣住了，不去漢中，怎麼就會死呢？蕭何背着手在我跟前邊溜達邊說：「不去漢中就要跟項羽打仗，我們人沒他多，很可能吃敗仗，那不就是去送死嗎？所以我建議你先去坐上王位，收攬民心，召請賢才，然後以巴蜀的財富做後盾，回過頭來把『三秦』收拾了，不還是可以掌握天下的嗎？」

這些話就像雷鳴一樣，一下子把我驚醒了。對啊，我幹嘛這麼衝動呢？

周勃幾個興沖沖地躥進來報告：「老大，隊伍都集合好了，什麼時候開打？」我狠狠地瞪了他們一眼：「打什麼打？趕緊收拾包袱，出發去漢中！」他們你看看我，我看看你，都傻眼了。

張良挺夠哥們兒，為我出謀劃策說：「去巴蜀的路上有很多棧道，你要走一段燒一段。」我沒明白：「進進出出就這麼一條路，幹嘛要燒掉？」張良回答：「就因為只有這一條路，才應該燒。只有燒了，別的諸侯才沒辦法過去打你，你的安全才能保證；當然，你出來是不方便，不過這樣才能讓項羽對你放心啊！」

哦……原來如此。

雖然想明白了，但遠遠地看到自己剛走過的棧道燃起了熊熊大火，看到那些一直想回家，卻被塞到山溝溝裏的部下，心裏還是覺得挺不是滋味的。唉，算啦，我還是先老老實實當幾天漢王再說吧……

什麼是「棧道」

　　棧道，是在懸崖峭壁上鑿孔架木鋪成的窄路。首先在峭壁上鑿出一排孔洞，然後把長木棍插進去排成一排，固定好後上面鋪上木板，裝起欄杆，就成了一條懸在半空中的小路。巴蜀周圍都是山區，交通很不方便，所以古人就用這個辦法修路。走在棧道上，一邊是硬邦邦、冷冰冰的石頭，一邊是不知道深淺的山谷或溪水，那感覺十分驚險喲！

（摘自《大秦百科全書》）

天啊，又開始打架啦

　　項羽封王封出亂子來嘍！他前腳剛封完，後腳就有諸侯相互打架啦！

　　最先鬧事的是齊國。因為項羽把原先的齊國分成了三塊，把原先的齊王田市改封為膠東王；齊國大將田都因為跟項羽一起救趙國有功，被封為齊王；另有一位老早就投降項羽的田安，被封為濟北王；齊國宰相田榮因為總不聽指揮，什麼獎賞都沒有。田榮聽說自己原先的下級成了齊王，都快氣瘋了，馬上發兵打田都。可憐的田都連齊王的寶座都沒坐上，就灰溜溜地投奔西楚國去了。

　　這事兒還沒完呢！打跑了田都，田榮讓田市留下當齊王，可田市害怕項羽，自己悄悄溜到即墨（今山東省平度市東南）去當了膠東王。田

榮覺得田市太沒出息，乾脆帶領大軍攻佔即墨，把田市殺了，自己當了齊王。然後他又聯合一直在打遊擊的彭越，殺了田安。田榮佔有了原先齊國的全部地盤後，公開和項羽叫板。

齊國這邊還沒消停，趙國也鬧起來了。因為原先的趙王趙歇被項羽改封為代王，趙國宰相張耳跟隨項羽入關，被封成常山王。趙國另一個大臣陳餘因為沒進關，只封了他三個縣。消息傳來，陳餘怒了：「我和張耳一起恢復了趙國，功勞相當，現在他當王，我封侯，太不公平了！」他派人聯絡齊王田榮，借兵趕走了張耳，又把代王趙歇接回來繼續做趙王。趙歇一看陳餘這麼夠意思，就反過來把陳餘封為代王。

另外還有燕王韓廣，被項羽改封為遼東王，很不樂意，就賴着不搬家。韓廣耍賴不要緊，新的燕王臧荼不樂意了。雖然他原先只是韓廣的一個將軍，可是跟項羽進關立了功的。於是臧荼一不做二不休，把韓廣給殺了，順便把遼東國的地盤也一起接收下來。

項羽仗着自己打仗厲害，劃地盤分天下，把好地方都給了自己的親信，可最終還是搞得天下大亂，搬起石頭砸了自己的腳！

時事劇場　## 蕭何月下追韓信

第一場　漢王宮

劉邦（在屋裏亂轉）💬唉，說起來是個漢王，其實不就是發配邊疆嗎？從咸陽到漢中，天天有逃兵，現在可好，將軍也有開溜的了。這樣下去，讓我拿什麼跟項羽較量啊？不行，我得找蕭何商量商量。來人，

把丞相給我找來！

　　門衛 💬報……報告大王，丞相來不了了。

　　劉邦 💬什麼，他有那麼忙嗎？

　　門衛 💬不是。丞相他……他跑了。

　　劉邦（愣住） 💬……連這老朋友也要拋棄我了嗎？天啊，我該怎麼辦？

第二場　山路上

　　韓信 💬想當初，從項羽那兒離職，辛辛苦苦翻山越嶺到漢中，本以為能得到重用，可是……唉，月亮啊月亮，請你告訴我，我該到哪兒去呢？

　　蕭何（追過來喊） 💬小韓！小韓！

　　韓信（驚訝） 💬啊呀——丞相，這大半夜的您怎麼跑來了？

　　蕭何（氣喘吁吁） 💬小韓啊，我是特意來請你回去的。

　　韓信（感激地） 💬丞相，您的心意我領了。可是如果讓我回去當個小官混飯吃，還不如讓我走呢……

　　蕭何 💬你到別處去，人家也不一定用你。要想實現你的抱負，還是留下吧。這回漢王如果還不提拔你，我也不幹了！

　　韓信（感動） 💬丞相您……

第三場　漢王宮

　　蕭何 💬大王，我回來了。

　　劉邦（怒氣沖沖） 💬哼，我正要收拾你呢！老實交代，為何要當逃兵？

　　蕭何 💬我沒逃啊，我是追人去了。

　　劉邦 💬什麼人要你堂堂一國丞相去追？

蕭何💬這個人我跟您推薦過好多次啦，就是韓信啊！

劉邦（拍桌子，發火）💬跑了十幾個將軍你不追，居然去追這麼一個小官？！

蕭何💬那些將軍多得很，但韓信這樣的天下奇才，打着燈籠也難找啊！如果您想一輩子當漢王，可以不要韓信。但您要想奪取天下，除了他，沒第二個人了。

劉邦（無奈）💬……好吧，看你的面子，給他個將軍幹幹。

蕭何💬如果只是讓當將軍，怕是留不住他。

劉邦💬嘿，……那你把他叫進來，我讓他當部隊總指揮。

蕭何💬任命總指揮這麼大的事，就這樣隨隨便便地叫他進來宣佈一下，未免太草率了。如果大王您真下定決心，就要選一個好日子，搭個點將台，舉行隆重的任命典禮，還要……

劉邦（打斷蕭何的話）💬好啦，好啦，我明白你的意思。搭台子的事情你去安排。過兩天，我就舉行典禮，拜韓信當三軍統帥！

記者述評　劉邦憑什麼打項羽

如果講勇猛，天下沒有誰能比得過項羽。劉邦要和他爭天下，該怎麼做呢？

首先，咱們來分析一下項羽的為人。他的確很勇敢，但不會選拔有才能的人來幫自己，所以他的勇敢只是匹夫之勇。平時他對人很親切，看見有人生病甚至會眼淚汪汪的，把自己的好吃的、好喝的都分給人家；可是如果有人立了大功要封賞，他居然把刻好的官印拿在手裏，橫

摸豎摸，印角磨禿了都捨不得給人家。所以他只是有婆婆媽媽的好心眼兒。這樣的對手沒有必要害怕。

其次，我們可以比比老百姓的支持率。現在項羽做了諸侯的首領，看起來實力很強，但他違背了義帝熊心的約定，封自己的親信當國王，天下人都覺得不公平。他軍紀不嚴，只要他的軍隊經過的地方，都會遭受破壞，變得破破爛爛，老百姓怎麼可能支持他？現在天下無事，只是因為大家都害怕他罷了。所以，只要劉邦能處處跟項羽對着幹，一定會得到天下英雄豪傑的支持，取勝的把握那是很大的哦！

第三，要和項羽對着幹，先要把「三秦」解決掉。這仨人原先都是秦國將領，帶着二十多萬人馬投降項羽，結果項羽把他們的部下全殺了，只留了他們三個人。那些士兵的家人對項羽都恨之入骨。而劉邦進咸陽以後約法三章，老百姓都盼着他來當大王。兩邊一對比，如果劉邦向「三秦」發動攻擊，根本不用打仗，只要發個通告就贏定了！

只要拿下「三秦」當根據地，打敗項羽，奪取天下就只是個時間問題啦！

（特約評論員　韓信）

鑽褲襠的將軍

說起漢軍新任大將韓信，還有些不堪回首的往事呢！

韓信小時候家裏很窮，父母也早就死了。他沒門路找工作，又不會做買賣，只能厚着臉皮到熟人家蹭飯吃，甚至在街上乞討。有一回，韓信在河邊釣魚，可總也釣不上來，肚子餓得「咕咕」叫。旁邊有個洗衣

服的老太太看他可憐，就把自己帶的午飯給他吃。韓信餓壞了，三下五除二把飯吃光了，然後熱淚盈眶地說：「我將來一定要重重地報答您。」他是真誠地表示感謝，可沒想到老太太生氣了：「大丈夫不能自食其力，已經沒出息了。我可憐你，才給你飯吃，誰要你報答！」韓信聽了，難為情地走開了。

韓信雖然窮，卻天天一本正經地在腰裏佩着寶劍，讓街上那些小流氓看着很不順眼。有個傢夥故意跟他過不去，在大街上當着很多人的面說：「韓信，你如果有膽子，就用寶劍刺我；如果不敢，就從我褲襠底下鑽過去！」韓信把那人上上下下打量了好久，最後竟慢慢伏下身子，從他褲襠底下爬了過去。街上圍觀的群眾哄堂大笑，都覺得韓信是個膽小鬼，還給他起了個外號叫「胯夫」，意思是「鑽別人褲襠的人」。

想想當年那個天天餓着肚子的小無賴，再看看現在指揮千軍萬馬的將軍，你會相信這是同一個人嗎？

（摘自《大漢八卦週刊》）

明修棧道，暗度陳倉

經典戰役

漢王元年（前 206 年）八月，劉邦打着東征的旗號，開始了聲勢浩大的修棧道工程。因為之前燒毀的棧道有三百多里，都在陡峭的大山裏，重修的難度非常大，工程進度十分緩慢。不過，雖然棧道修得慢，但修棧道的消息卻很快傳到了關中。

雍王章邯本來就是替項羽看守大門，防備劉邦的，接到這份情報很重視，但仔細一打聽，按當時的工作效率要好幾年才能修成，這下他就

放心了，派了一隊兵馬守住棧道的出入口，其他事情也沒多想。但是突然有一天，偵察員跑來報告說：「漢軍奪去了陳倉（今陝西省寶雞市東），向這邊打過來了！」當時章邯還有點半信半疑——棧道並沒修好，漢軍怎麼能過來呢？

　　章邯哪裏知道，漢軍大張旗鼓地修棧道只是做樣子給他看的。當初韓信進漢中，棧道已經被劉邦燒了，就是從陳倉走的小路，所以這會兒韓信用了個「明修棧道，暗度陳倉」的計策，吸引章邯的注意力。章邯派兵守住棧道那一帶，可漢軍的精銳部隊已經從陳倉繞到後面來了。章邯手忙腳亂地組織軍隊抵抗，連打了幾次敗仗，被包圍在一個小城裏不敢出來。「三秦」的另外兩位，塞王司馬欣和翟王董翳，一看情況不妙，趕緊投降了。

（《巴蜀軍事論壇》特約記者　周勃）

到底先打誰

1

尊敬的西楚霸王：

聽說漢王劉邦已經攻下「三秦」，佔據了整個關中地區，讓您非常生氣。不過據我對劉邦的了解，他是因為您沒有按義帝當年的約定，讓他當關中王，這才發動戰爭。現在他已經得到了自己當初想要的地盤，應該不會再繼續採取軍事行動了，當然更不要說繼續向東擴張了。而且，現在有更重要的事需要您來處理 —— 田榮已經佔據了原先的整個齊國，他的同夥彭越帶了很多人在魏國打遊擊。從目前的情況來看，齊國很可能聯合趙國一起來冒犯您。如果真發生這種事的話，您的西楚就很危險啦！

另附上田榮、彭越四處散發反叛您的告示若干份，有些還是最近這兩天才寫的，時效性很強，供您空閒時欣賞。

恭祝身體健康！

張良　於韓國

×年×月×日

2

張良：

你送來的情報十分重要。我先去把齊國、魏國、趙國這幾個鄰國挨個收拾完，再來打劉邦這個老家夥。你跟那老家夥說，讓他乖乖在關中待着別亂動，等我去收拾他！

霸王　即日

義帝是怎麼死的

報案時間	西楚霸王二年（前 205 年）十月八日
報 案 人	漁夫張阿狗
報案記錄	一大早在江邊蘆葦叢裏發現一具屍體。
驗屍報告	死者為男性，二十歲左右，身上有多處刀傷，部分傷及大動脈，推測為被人砍成重傷後扔入水中，因失血過多和江水寒冷而死。死亡時間為七日子時前後。
破案過程	從死者相貌和服飾初步判斷是個大人物。經大範圍搜查，在離屍體二里遠的江中發現大船一艘，船體已被破壞，船上人員全部死亡，根據船上的文件資料，認定死者是義帝熊心。本局特別成立專案組，對周邊人員進行走訪排查。結果表明，在義帝一行到達長江之前，已經有好幾批人神秘潛入本地，案發後又神秘消失。據目擊者稱，這些人都是帶着兵器的壯漢，他們大都集體行動，但是基本可以確定分屬三個組，彼此間並不熟悉，口音也不相同。後經過多次回憶對比，有人指認其中一組的首領正是九江王英布的部下王大頭，另兩組像是衡山王吳芮和臨江王共敖那邊的人。
破案結果	這是一起謀殺案。表面上看是三個王爺一起殺死義帝，實際上很有可能是那位西楚霸王項羽指使的。如果大家還想要小命的話，這案子就別再查下去了。給屍體化化妝，通知家屬快來認領。

陳平自述　渡河歷險記

編者按 💬 陳平，謀略家，善於用計。投奔劉邦後多次為他出謀劃策。

打了幾個月的仗，好幾個諸侯都投降了劉邦。項羽對此很生氣，連着殺了好幾個大臣。看他這樣子，說不定哪天就會砍掉我的頭，還是趕緊走吧。於是我把官印和以前拿到的賞錢打了個包袱，派了個隨從送還給項羽，自己只帶了一把劍，跑了。

天快黑的時候，我到了黃河邊上，河邊正好有條船，我就請船夫把我送過河去。小船「吱呀吱呀」地划着，很快駛離了河岸。看樣子，項羽就算派兵來追也趕不上了，我終於鬆了一口氣。

精神一放鬆，我才發現有點不對勁兒 —— 兩個船夫總是偷偷地打量我，特別是盯着我的腰部，還擠眉弄眼地相互打暗號，說些我字字聽得清，但一句也聽不懂的怪話。我一想，壞了，可能是遇到黃河裏的強盜了！早就聽說過有逃兵在渡船上被謀財害命的事兒，難道讓我也遇上了？再一想，我至少是當過中層領導的人，有相貌、有氣質，身上的服裝也是大品牌，怎麼看也不是個逃兵，至少是個逃將。強盜一看，還不以為要做筆大生意？可是我身上沒有金銀財寶啊！真是糾結。跑吧，船在河裏漂着；不跑吧，又明顯打不過他們。這可怎麼辦？

眼看着船到了河心，船夫盯着我，船越搖越慢，看樣子是打算動手了。我靈機一動，大大咧咧地叫喊：「船走得這麼慢，你們是不是累啦？我來幫你們划船好了。」要划船當然不能穿這種寬袍大袖，所以我慢悠悠地把衣服一件一件脫掉，還故意把每件都拎在手裏抖抖，讓他們瞧瞧

有沒有寶貝，然後光着膀子跑到船頭去幫着划船。

兩個船夫一直盯着我脫衣服，眼神越來越失望，到最後簡直懶得看我了。就這樣，我順利地過了黃河，在劉邦手下實現了「再就業」。

劉邦舉辦義帝追悼會

本報訊　漢王二年（前 205 年）三月，義帝熊心遇害五個月之後，追悼會終於在洛陽隆重舉行，為他舉辦追悼會的人正是漢王劉邦。

追悼會一連舉行了三天，全體漢軍為義帝披麻戴孝，劉邦更是用最隆重的禮節進行祭祀。在義帝的靈位前，劉邦哭得一把鼻涕一把淚，還在悼詞中說，天下人共同擁戴義帝熊心為君主，可他卻先是被項羽放逐到江南，後又被殘忍地殺害。為了給義帝報仇，漢國將動員關中所有的部隊，徵召三河地區（河南、河內、河東，即今河南省黃河南、北，山西省黃河以東）的壯士，和各諸侯國一起，攻擊謀殺義帝的大軍閥！

劉邦給義帝舉辦追悼會，當然不只是為了緬懷領導，他最實際的目的是為自己的軍事行動找一個最合適的理由，然後藉這個名義來爭取其他諸侯的支持。所以，在追悼會結束後，劉邦把為義帝報仇的告示分送到各個諸侯國，請他們派兵協助，最後一共集結了五十六萬大軍，一起向西楚發動進攻。

（《關中新聞》記者　蘭七有）

項羽的快速反擊

　　趁着項羽和齊國打仗的機會，劉邦帶領諸侯聯軍輕鬆拿下了西楚首都彭城。只是還沒等他把板凳坐熱，項羽就來了個快速反擊，把他打得落花流水。

　　項羽因為聽信了張良的話，親自帶兵去攻打齊國，打算先把齊國搞定再收拾劉邦。齊王田榮哪裏是項羽的對手，只打了一仗就垮了，自己的小命也丟了。隨後，田假又被項羽推上了齊王寶座。可是才過了兩個月，田榮的弟弟田橫召集部隊，讓侄子田廣當齊王，繼續跟項羽和田假對抗。劉邦就趁此機會，又一路殺進西楚，把首都彭城佔了。因為勝利來得太容易，劉邦高興壞了，天天抱着項羽的那些金銀財寶喝酒慶功。

　　項羽接到消息十分生氣，留下大軍繼續在齊國掃蕩，自己親自率領三萬精銳騎兵南下反攻，只半天時間就把漢軍打得大敗。他為了報復，命令楚軍一路追殺到底。走投無路的漢軍官兵紛紛投河逃命，被殺死和淹死的竟有十幾萬人。

　　正當楚軍把劉邦團團包圍的時候，忽然來了一陣大風，直颳得飛沙走石，天昏地暗，中午的天色昏黑得像半夜一樣。好不容易等到風小下來，楚軍一看，包圍圈裏的劉邦早已跑得沒影了。不過，劉邦雖然跑了，可他住在沛縣的老爹和老婆沒來得及逃跑，都成了項羽的俘虜。

　　一夜之間，劉邦手下從幾十萬大軍一下子垮到只剩下幾千敗兵。本來支持他的那些諸侯也馬上倒戈翻了臉，紛紛宣佈擁護西楚霸王項羽的領導。

（《九州縱橫》戰地記者　賈有田）

什麼人要服兵役

讀者
馬六甲

漢王劉邦打了敗仗，駐守大本營的蕭何火速派兵支援。我聽說這批「新兵」裏有很多不該服兵役的人。那麼，什麼人才應該服兵役呢？

編輯

兵役制度規定，男子年滿二十三歲就被列入兵役名冊，五十六歲退伍才能恢復老百姓的身份。也就是說，在二十三歲到五十六歲之間的男子都應該服兩年兵役。

根據這位讀者反映的情況，本報記者做了一些調查，蕭何派來的這批士兵裏有很多是年齡不到二十三歲或者超過五十六歲的。這說明符合法定兵役年齡的人都已經入伍，而劉邦這次慘敗，急需補充兵員，只好把這些不符合兵役條件的人也拉到戰場上來了。

要想富，先屯糧

漢王二年（前 205 年）六月，關中地區發生了饑荒，政府只好出面組織災民到巴蜀逃難。但就在這個非常時期，一戶姓任的人家卻迅速發家致富了。他有什麼秘訣呢？

近日，記者特意為此採訪了任家的一家之主任百萬。但任百萬卻說起了另外一個問題：為什麼會發生饑荒？因為項、劉兩家在滎陽（今河

南省滎陽市）發生拉鋸戰，青壯年們都上了戰場，沒人種田。沒人種田糧食就少，糧食少了就會漲價，糧食漲價了大家就買不起，買不起就只能餓肚子了。

任百萬的分析很有道理，目前關中糧食市場上，一斛（音同壺，計量單位）米賣到一萬錢，相當於一斤金，這種價格高得簡直難以想象。可是這和任家發家致富有什麼關係呢？任百萬笑着回答：「前幾年秦國滅亡，有點勢力的人都拚命去搶奪金銀財寶，可是我卻只是收購他們看不上的糧食。因為我覺得，不管什麼時候，人都得吃飯；有糧食，日子才過得安穩。結果才過了幾年，那些人就不得不拿着當初搶去的金銀財寶來我這裏買糧了。」

原來，「要想富，先屯糧」，這就是任家的致富秘訣啊！

（《關中經濟報》記者　池卜保）

學生作文　木頭大桶的妙用

前些日子，有幾個穿漢兵制服的人到我家來，問有沒有木頭做的大容器賣，末了把我家幾個裝稻穀的大木桶給拿走了，還叫我們保密。還好他們沒忘記付錢。

聽爺爺說，現在漢王和魏王在打仗。因為魏王本來跟漢王是一邊的，但因為漢王被西楚霸王打敗了，魏王就跑去跟西楚霸王站一邊了。漢王很生氣，就派了個叫韓信的將軍在黃河邊上到處找船，說要過河去打魏王。大人的事情真是太複雜了，我實在搞不懂，也不想懂。我最感興趣的是，這些當兵的不去打仗，不去造船，要我家的木頭大桶幹嘛？

這東西能用來打仗嗎？

過了幾天，村子外面過路的傳令兵突然多了起來。一個個騎着大馬興高采烈的，看見我們就嚷嚷。前天喊的是「漢軍打進魏國首都嘍」，昨天喊的是「魏王被抓住嘍」，今天又喊什麼「魏國都是漢國的嘍」，聽得人真是一驚一乍的。

鄰居家的小強在街上跑來跑去，打聽了半天，回來發佈了一條大新聞：原來，前些天漢軍嚷嚷着要過河進攻，實際上是悄悄把我們這一帶的大木桶都收去，在夏陽（今陝西韓城南）搭起了一座浮橋。漢軍的大部隊踩着這些大木桶過了黃河，直接去攻打魏國首都了。魏王聽到消息大驚失色，趕緊回軍迎戰，結果被打得落花流水，自己也當了俘虜。

用木桶搭浮橋，這主意真是太高明啦！小強得意地說：「這是韓信想出來的喲！」那得意的樣子好像他就是韓信似的。不過，這位韓信也真厲害，我長大能像他這麼聰明就好啦！

（夏陽中心小學四年級　張小一）

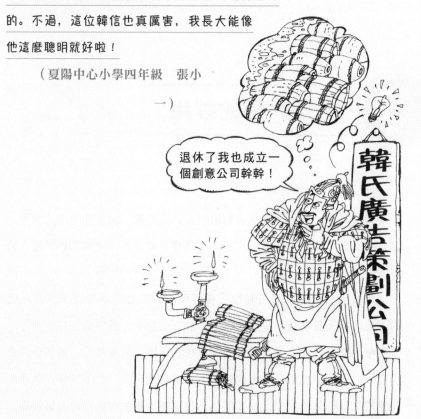

退休了我也成立一個創意公司幹幹！

韓氏廣告策劃公司

韓信背水一戰

漢王三年（前 204 年）十月，韓信進攻趙國。趙王親自帶二十萬大軍在井陘口（河北省井陘縣北）佔據了有利地形，準備和漢軍決戰。

這天一大早，韓信先派出一萬先鋒隊，背向綿河（也稱桃河）水紮營列陣。趙軍遠遠地看見了，一個個都哈哈大笑起來，覺得這位將軍太不懂打仗了，列陣怎麼能選這種地方，萬一打輸了往哪裏跑啊？

天亮之後，韓信豎起統帥大旗，擂鼓進攻。趙軍兵力本來就是漢軍的好幾倍，根本沒把對手放在眼裏，於是打開營門迎戰。打了一陣以後，漢軍抵擋不住，只好狼狽撤退，連旗幟、戰鼓都扔掉不要了，一直逃進河邊的營寨裏。

這下子趙軍可樂壞了，馬上全軍總動員，一面收拾戰利品，一面加緊進攻，想一鼓作氣把漢軍全部消滅。

漢軍背後就是河，沒有退路，於是只能拚命抵抗。趙軍攻打了很長時間，仍然攻不進漢軍營寨，就準備回營休息。可是回頭一看，自己的大營裏居然插滿了漢軍的紅旗！

原來，就在前一天半夜，韓信派出兩千精銳騎兵，每人帶一面紅旗，從小路繞到趙軍後面埋伏起來。兩軍交戰之後，漢軍故意撤退，引誘趙軍全部出動追擊。這些騎兵趁機衝進了趙營，拔掉了趙國國旗，插上了漢軍的紅旗。

趙軍一看自己的軍營變了模樣，哪兒還有心思打仗啊，一個個四散逃命。韓信指揮漢軍前後夾擊，把趙軍打得落花流水，趙王也成了俘虜。

（《巴蜀軍事論壇》特約記者　張耳）

李左車的主意

打贏了趙國，韓信將軍下令：誰能抓住李左車，賞千金。

我很奇怪，李左車是誰？他怎麼這麼值錢？後來一打聽才知道，這個叫李左車的原來是趙國的謀士，打仗之前給趙將出過很多主意，可是都沒被採納，這才敗在我們手裏。韓將軍聽說李左車很有能耐，於是特意重金懸賞。

過了沒幾天，李左車被抓來了。韓將軍沒殺他，而是恭恭敬敬地請他坐上最尊貴的座位，就像對待老師一樣，向他請教如何攻打燕國和齊國。

李左車被韓將軍的誠意感動，就出了個主意：漢軍先花了一個月的時間攻佔魏國，接着只花了一個早晨就打垮了趙國，威震天下，這是優勢。但打了這麼多天仗，士兵們都累了，如果再上戰場，一時半會兒很難取勝。還不如按兵不動，讓部隊先休息一下。同時，跟趙國老百姓搞好關係，然後再派個能說會道的人到燕國去勸降。燕國害怕漢軍的聲勢，一定會投降。燕國投降了，再去打齊國就容易了。

聽了這番話，我覺得十分的不靠譜 —— 人家燕王大小也是個諸侯，哪能還沒開打就投降？可韓將軍聽了卻很高興，立即下令讓大家好好休整，還跟趙國老百姓舉行了幾次聯誼會，放鬆了幾天。然後，派人帶了封信送給燕王，再然後，燕王他……還真的就投降了。

李左車這個家夥，真是太厲害啦！

（漢軍小隊長陳二斤　口述，記者張三寶　記錄整理）

知識
測試

1. 下面這些人裏，沒有參加鴻門宴的是誰？

　　A. 劉邦　　B. 張良　　C. 項莊　　D. 蕭何

2. 誰給劉邦出了燒棧道的主意？

　　A. 蕭何　　B. 韓信　　C. 張良　　D. 樊噲

3. 下面哪件事情和韓信無關？

　　A. 背水一戰　　　B. 暗度陳倉

　　C. 鑽褲襠　　　　D. 火燒阿房宮

4. 韓信用什麼工具渡過黃河向魏國發起攻擊？

　　A. 木頭大桶　　B. 船　　C. 木筏　　D. 降落傘

答案：1. D　2. C　3. D　4. A

楚漢爭雄（下）

7

◎論打仗勇猛，項羽無人能敵。但是戰爭的勝負，是僅憑武力強弱就能決定的嗎？

◎所以劉邦說：「我只鬥智，不鬥力。」

◎項羽只有一個智囊——范增，可范增最終卻離開了他；劉邦有「三傑」扶助，歷經艱險，屢敗屢戰。他們的戰爭，你更看好誰？

◎天下無敵的西楚霸王，終於走到了人生的終點：垓下四面楚歌，烏江拔劍自刎。與此同時，一個新的時代拉開了序幕……

英布投靠了劉邦

　　出事了，出大事了！九江王英布投靠漢王劉邦啦！

　　英布是有名的猛將，也是項羽的親信。在諸侯紛紛反對項羽之後，英布也有些動搖了，有幾次項羽叫他一起出兵，他都裝病不配合。

　　看到英布和項羽之間已經不齊心了，劉邦便派謀士隨何到九江去見英布。英布本不想得罪項羽，但沒想到隨何分析說：「因為你一向不配合項羽的行動，他已經開始對你產生猜疑。你不敢背叛他，只是覺得楚強漢弱，但天下人都知道項羽殺了義帝，於是都轉而支持漢王。在這種形勢下，西楚的強大已維持不了多久。如果大王能牽制西楚國，要不了多久，漢王就可以做好充分準備，平定天下。到那時，不僅九江國是您的，還會得到大片的土地。」這番話精闢地分析了楚、漢兩國的優勢和劣勢，句句都說到了英布的心坎裏。於是英布和隨何便簽訂了秘密協定，打算悄悄地支持劉邦。

　　但是，隨何卻沒有打算給英布留後路。在他到達九江的同時，項羽派來的使臣也到了，催英布出兵一起攻打劉邦。隨何在英布和西楚使臣會面時，突然闖了進來，說：「九江王已經投靠漢國了，你們怎麼還來催促發兵？」西楚使臣嚇了一跳，慌忙告辭。隨何馬上對英布說：「你應該把這人殺掉，然後出兵和漢王會合。如果放他回去告訴項羽，事情就難辦了。」

　　事情到了這一步，英布也只能下令處決西楚使臣，然後出兵北上，配合劉邦一起攻擊西楚。

（《九州縱橫》記者　謝文章）

該不該封六國

怎麼才能削弱西楚的力量？這是一直縈繞在漢王心頭的一道難題，愁得他飯也吃不好，覺也睡不香。

終於，今天上午謀士酈食其（音同麗易機）給他出了一個主意——分封六國王族的後代，讓大家團結起來一起打項羽。酈食其說，以前商湯討伐夏桀，周武王討伐商紂王，勝利後還給夏、商的後代封一塊地當國王。但秦始皇統一天下的時候卻沒有這麼做，各諸侯王的後代都沒有封地。如果大王把這事兒辦了，這些諸侯國肯定對您感恩戴德，您就是他們的首領，大家跟着您一起打西楚，肯定會勝利。漢王聽了非常高興，馬上命令酈食其去張羅雕刻王印的事兒。

放下了心事，漢王樂呵呵地吃起了午飯。這時候，張良出差回來，聽說了這件事，大驚失色：「這主意太壞啦！這樣的話，大王您很快就會完蛋啦！」

張良說：「商湯、周武封夏和商的後代，是因為他們可以控制住局面，現在您能控制住項羽嗎？周朝建立後，把糧倉打開賑濟窮人，把金銀財寶散發給老百姓，把戰馬和運糧食的牛都放到山林草原去，把戰車改裝成民用車輛，這些您能不能做到？現在天下的英雄豪傑追隨大王，為的就是立功之後能分得一塊封地。如果把六國王族後代找出來封王，他們就會回去效忠自己所屬的王國，誰還給您出力？而且，如果看到西楚國這麼強大，您封的這些新王說不定就會倒向他那一邊去了，您又該怎麼辦？」

張良這邊說着，漢王那邊聽得兩眼越瞪越大。張良剛說完，他就「呸」的一聲把口中的飯給吐了，大聲罵道：「酈食其這個笨蛋，差點兒壞了老子的大事。趕緊傳令下去，把那些王印都給我砸了！」

（漢王侍衛　周六）

陳平的「反間計」

　　不知道從什麼時候起，西楚軍營裏傳開了很多閒話，說什麼「鍾離昧這些將軍立了大功，卻一直沒能封王。聽說他們已經跟劉邦說好了，先把項羽推翻，再把西楚的地盤給分了」。這些話傳來傳去，最後傳到了項羽耳朵裏。他心裏很別扭，對這些將軍就不像以前那麼信任了。

　　為了弄明白到底是怎麼回事，項羽派了個使臣去跟劉邦談判。使臣剛剛住下，就有漢國高級官員送來一桌十分豐盛的酒席，恭恭敬敬地給他擺上。可是等到雙方正式見面交談時，那漢國高級官員大吃一驚，拍着腦袋懊惱地說：「我還以為是范增先生派來的人，原來是霸王的人啊！」說完就把酒席原樣抬了回去，換了一桌粗茶淡飯。使者氣壞了，回去向項羽報告。項羽一聽，心裏犯起了嘀咕，不管范增提什麼建議，他都不採納了。

　　次數多了，范增終於看出項羽對他有疑心，就主動提出退休回老家。項羽巴不得早些把這個整天唱反調的老頭兒弄走，於是馬上批准。范增見狀十分難過，半路上就病死了。

　　其實，這所有的事情都是陳平一手策劃的「反間計」。他先是派人到西楚軍營去造謠，又演了一齣換酒席的戲給項羽的使臣看，目的就是讓項羽對手下人起疑。只要項羽和手下人不一條心，這仗就好打多啦！

　　　　　　　　　　　　　　　　　　　　　　（摘自《楚漢那些事兒》）

軍營奪印

漢軍大營裏出了一件大事！

天還沒亮，韓信的統帥大印就被人「偷」走了，而「偷」走大印的人正是漢王劉邦！

早上，韓信正睡得迷迷糊糊，突然聽到屋外有人說：「我是漢王的傳令官，有密令交給韓將軍。」接着就有人摸黑進屋，轉了一圈又出去了。韓信以為是自己的隨從，就沒在意，一直睡到大天亮。起牀剛出門，他就發現司令部裏氣氛不對，正要問怎麼回事，衛兵跑來報告：「漢王來了，正開會呢！」

韓信大吃一驚——漢王不是在幾百里外和項羽打仗嗎，怎麼會突然出現在這裏？他趕緊跑過去，只見全軍的幹部都集合在一起，坐在正中間的劉邦看見他進來，就樂呵呵地說：「小韓，你睡醒啦？我看你太累，沒跟你打招呼，就召集大家開個小會，重新分配一下工作。」韓信定睛一看，心裏又是一驚——自己的統帥大印正在劉邦懷裏抱着呢！大印沒了，部隊他就指揮不動啦！

原來，在韓信攻佔趙國、部隊休整的時候，劉邦又吃了敗仗，被項羽包圍了。劉邦見形勢不妙，帶了夏侯嬰護駕，倆人逃出包圍圈，過了黃河，來到韓信的駐地，在客棧裏悄悄住了下來。天還沒亮，劉邦就跑到韓信的司令部，自稱是漢王派來的傳令官，直接闖進韓信的臥室，拿走了統帥大印。然後，劉邦緊急召開軍事會議，把所有的將領調動的調動、免職的免職。等韓信起牀，部隊已經全部被劉邦接管了。

開完會，劉邦又封韓信當宰相，把一部分趙國部隊派給他，讓他去打齊國。韓信莫名其妙地被沒收了軍權，心裏正七上八下呢，突然又升了官，也就高高興興地服從命令，帶兵打齊國去了。

（《漢國電訊》記者　邊一段）

時事評論　用遊擊戰打擊敵人

項羽的西楚軍戰鬥力很強，如果正面交鋒，很難取得勝利。況且漢軍連着幾次失敗，死傷慘重，要很長時間才能恢復。在這種形勢下，進行戰略調整是非常有必要的。

彭城之戰後，彭越奪取的幾個城市又都落到了項羽手裏。彭越只能在黃河一帶打遊擊，隔三岔五地去搶西楚的軍糧，雖然沒有很大的戰果，但這樣做牽制了項羽，減輕了漢軍正面戰場的壓力。

劉邦接管韓信的部隊之後，本打算再和項羽決一死戰，但部下鄭忠表示反對。鄭忠認為，在敵強我弱的情況下，應該進行大規模的遊擊戰，消耗項羽的力量。於是劉邦任命自己的堂兄劉賈為遊擊大隊長，帶着兩萬步兵、幾百騎兵，跑到項羽的後方去。

漢軍遊擊隊和彭越互相配合，重點打擊西楚的倉庫和運輸隊。當楚軍前來圍剿時，要麼堅持防守，要麼乾脆逃跑，根本不和楚軍正面交戰。

雖然這種遊擊戰不會給西楚軍帶來直接的打擊，但是效果十分明顯。沒過多久，西楚軍的糧食、物資就供應不上了，驕傲的項羽也開始發愁了。

（《巴蜀軍事論壇》特約評論員　張良）

攻克齊國的秘密（特約嘉賓：韓信）

漢王四年（前 203 年）十月，韓信大軍對齊國發起了猛烈攻擊，接連取得勝利。本報記者為此對他進行了專訪。

記者　請問韓將軍，目前齊國地區的戰事情況怎麼樣？

韓信　十分順利。短短半個月，我們已經佔領了齊國大部分地區。齊國的國王、宰相、將軍都跑了，佔領齊國全部七十多個城池指日可待。

記者　齊國實力不弱。前幾年西楚霸王項羽花了好幾個月也沒把他們搞定，您怎麼會這麼順利？

韓信　這個……當然應歸功於漢王（劉邦）的正確領導，我的正確指揮，以及全軍上下的齊心協力努力戰鬥。

記者　不過，我聽說，在您對齊國發起攻擊之前，漢王就派謀士酈食其去見齊王田廣，田廣已經準備投降了。

韓信　……其實吧，這個事情我也聽說了。

記者　既然這樣，為什麼您還要動手呢？

這個……咱倆私下裏說說吧，你可千萬別往報紙上發表。聽說這消息的時候，我也挺猶豫的，可是參謀蒯徹提的意見，我覺得很正確。你想想，漢王給我的任務是攻打齊國，派老酈去勸降也沒通知我，你說我是應該繼續完成任務呢，還是自作主張放棄攻擊呢？再說，老酈他就靠三寸不爛之舌，「吧啦吧啦」一通說，就把齊國七十多個城池全拿下了；我帶着幾萬大軍才佔了五十多個城池的趙國。兩下一對比，我心裏也不平衡啊！我當大軍統帥這麼多年，還比不上他一個耍嘴皮子的？

所以您就下了進攻齊國的命令？

……在漢王沒給我變更任務的命令之前，我必須不折不扣地完成他交給我的任務。

聽說您發起進攻的時候，酈食其就在齊國。他現在的情況怎麼樣？

這個……我必須向老酈道個歉。因為齊國已經打算投降了，根本就沒什麼防備。我這邊一發起攻擊，他們就敗得稀裏嘩啦的。田廣覺得上了老酈的當，就把他給煮了……

好吧，謝謝您接受我的採訪。

記者先生，咱們可說好了啊，後面說的那一半千萬不能在報紙上登出來！我是絕對不會承認說過這些話的。

（《漢國軍事》記者　樊扁達）

分我一碗肉醬吧

①

項羽給劉邦的信

劉邦：

你有膽量背叛我，敢趁我去打魏國的時候偷襲我的後方，佔領我的糧庫，為什麼我回來之後，你就沒膽子跟我真刀明槍地打一場，只會縮在營寨裏不出來呢？你別以為躲着幾個月不動彈，我就拿你沒辦法了。不要忘了，你的老爹和老婆可還在我手上呢！我剛剛叫木匠做了一塊大號的切菜板，把你老爹剝光洗淨捆在上面了。如果你還不趕緊投降，我就把你爹宰了煮掉！

西楚霸王　項羽

霸王四年（前 203 年）十月

②

劉邦給項羽的信

小項：

你好！收到你的信，看到你熟悉的字跡，我不禁想起了當年咱哥兒倆在一起的情景。當時義帝讓我們各帶一隊人馬，分兩路攻打秦國，還叫我們倆一定要親如兄弟。咱們既然是兄弟，那我爹也就是你爹啦！你如果一定要把咱爹煮了，我也不好說什麼。還有，等咱爹煮好了，別忘記送碗肉醬來給我嘗嘗喲！

大哥　劉邦

漢王四年（前 203 年）十月

項羽給劉邦的信

劉邦：

　　你這個膽小卑鄙的家夥！如果不是我叔叔項伯出來說情，你恐怕真的要吃上「你爹的肉醬」了！

　　咱們也別說那麼多廢話了。天下大亂好幾年，死了那麼多人，歸根結底都是因為我和你兩個人在爭鬥。要不咱們也別麻煩別人了，約個時間，選個地點，就你和我兩個人，單挑！誰輸誰就自動滾蛋，你敢嗎？

　　　　　　　　　　　　　　　　　　西楚霸王　項羽

　　　　　　　　　　　　　　　霸王四年（前 203 年）十月

劉邦給項羽的信

小項：

　　你好！來信收到。關於你提出的單挑建議，我以嚴肅、認真的態度表示拒絕。咱們都是有身份的人，再像小無賴那樣打架就太沒面子了。再說你一個大小夥子跟我半個老頭兒打架，打贏了又有什麼光彩？所以咱們還是別浪費力氣了。如果真要比，就來比比智慧吧，看誰能笑到最後！就這麼着啦！！

　　　　　　　　　　　　　　　　　　　　大哥　劉邦

　　　　　　　　　　　　　　　漢王四年（前 203 年）十月

項羽的十大罪狀

今天，項羽約我到廣武澗，倆人隔着個山溝溝談判。沒想到的是，這家夥又提出要找個地方跟我單挑。這可真是笑話！如果打架能解決問題，那我們還費那麼大勁兒起義反秦幹嗎？你自己找秦始皇幹一架不就完了？

不過，這倒是個宣傳的好機會，於是我不管項羽說什麼，只管自己提高嗓門兒衝着西楚軍隊大聲喊：你們的大王太不地道啦，他犯了十項大罪你們知道嗎？今天，我劉邦就給大家說個明白！

第一，本來義帝熊心說好了，誰先進咸陽誰當關中王。我先進的咸陽，可項羽反悔，把我弄到巴蜀那山溝溝裏去了。

第二，發動兵變，以下犯上，殺死了他的領導宋義。

第三，在鉅鹿救了趙國之後，不回去向義帝彙報工作，擅自帶着各國的將領進攻關中。

第四，進入咸陽之後，燒秦國皇宮，刨皇帝墳墓，不光破壞了歷史文物，還把金銀財寶都裝進自己腰包。

第五，秦王子嬰沒幹過什麼壞事，還投降了，可是被他殺了。

第六，因為怕秦國降兵鬧事，一夜之間把二十萬人全部屠殺得一乾二淨。

第七，把原先的諸侯國王都趕到邊遠地區去，把那些好地方都封給跟着自己進關的將領和親信。

第八，把義帝從彭城趕走，自己佔着彭城當首都，還佔了很多韓國、魏國、楚國的地盤。

第九，派人謀殺義帝。

第十，做事不講信用。

這樣的一個人，你們幹嘛還要跟他混？幫他簡直就是支持犯罪嘛！

我這一通喊話果然有效果，那些士兵你看看我，我看看你，交頭接耳，竊竊私語起來。項羽氣得瞪着眼睛直喘粗氣，一副恨不得吃了我的樣子，張弓搭箭就向我射了過來。

應該說，項羽絕對是頂級武功高手。我看着他射箭，躲閃不及，只覺得胸口一疼，趴在馬脖子上半天直不起腰來，最後卻抱着腳丫子嚷嚷道：「這個野蠻人把我的腳指頭射中啦！」

其實，我是胸口受傷，比腳指頭受傷嚴重多啦！但是再疼也得忍着，要不然動搖軍心可是危險的事。不過，看着項羽在山溝那邊氣急敗壞的樣子，我還是很快樂的。這小子還是太幼稚了，打架你行，玩計謀你還差得遠呢！

讀者來信　修水庫也能打勝仗

編輯先生：

您相信嗎，修水庫也能打勝仗？這就是韓信將軍帶着我們剛剛創造的奇跡哦！

前些天，齊王田廣被我們打敗了，項羽派了個叫龍且的帶領二十萬大軍來救援，駐軍高密（今山東省高密市），和我們只隔了一條濰河。接到這條消息，我們都很擔心，龍且是項羽的親信，打仗很厲害，兵又比我們多，這仗打起來恐怕有點困難。可是韓信將軍卻樂呵呵的，一點兒也不擔心。我們都在猜測，難道漢王會派援兵來？

一天半夜，韓信將軍突然悄悄下令，派人到濰河上游，用布袋裝上沙土，在河裏築起一道水壩。這命令太奇怪了，眼看要打仗了，跑那兒修水庫幹什麼？

俗話說「人多力量大」，只花了小半夜，水壩就修好了。河水都蓄在水庫

裏，下游有些地方的河牀都露出來了。天一亮，韓信將軍就下令集合，「嘩啦嘩啦」地蹚水過河，向龍且發起進攻。看到這裏，你一定會想，修水庫原來是為了過河方便啊！我當時也是這麼想的。

可是事情的發展總是出人預料。龍且兵多，再加上田廣的人，我們沒打多久就輸了，又「嘩啦嘩啦」地蹚水撤退。龍且樂得哈哈大笑，一馬當先追過河來。眼看着西楚追兵在河裏黑壓壓一大片衝了過來，情況十分危急，只見韓信將軍令旗一擺，上游守着水庫的那些弟兄就把水壩弄垮了，「轟」的一陣巨響，大水像從天上傾倒下來一樣。只一眨眼的工夫，就把河裏那些西楚兵沖得沒影了。龍且還沒明白是怎麼回事，就被我們砍翻在地。還沒過河的那些楚軍膽都嚇破了，沒命地逃啊……

就這樣，我們修了個水庫，把二十萬西楚軍打得落花流水，田廣也被抓住啦！我真的很好奇，下回韓信將軍又會想出什麼新奇的招數呢？

漢軍小隊長　王土娃

漢王四年（前 203 年）十一月十八日

劉邦自述　我封韓信當齊王

不知不覺，跟項羽在滎陽一帶的拉鋸戰已經打了兩年多，一直攻少守多，真是難熬啊！我盼着韓信回來支援，派人去催也不見動靜，不由得心想——這小子連續打下了趙國、燕國、齊國，實力恐怕比我這個大王都強了，萬一不聽我指揮怎麼辦？

還真是怕什麼就來什麼。催的次數多了，韓信派人送了份報告來，說：「現在齊國雖然打下來了，可是齊國人狡猾得很。齊國南邊又跟項羽的西楚挨着，說不定還會鬧出什麼亂子來呢！要不請大王您考慮一下，讓我做個代理齊王，這樣就可以名正言順地管理這塊地方了。」

我見了這份報告心裏這個氣啊，這哪裏是請示，明顯就是翅膀硬了要跟我講條件嘛！我把報告往桌上一拍：「豈有此理！我跟項羽在這裏僵持，他不來幫忙，反倒要做齊王！」話還沒說完，我的兩隻腳都被人踢了一下。瞧瞧左邊的張良，看看右邊的陳平，倆人都面無表情，目視前方。

　　我愣了一下，馬上明白過來，拍着桌子接着罵：「身為男子漢大丈夫，平定了諸侯，當個王爺有什麼大不了的？要當就當真王，還小裏小氣地做個什麼代理王？這小子真沒出息！張良，你馬上替我寫個委任狀，另刻好齊王大印一起送去，順便教訓教訓他。那小子太不長進啦！」我越罵越大聲，越罵越火大，韓信派來的那人嘴上不停地「是是是」，眼睛裏卻快笑出花來了。哼！

　　等旁人都退下去了，我笑嘻嘻地問張良和陳平：「怎麼樣，我剛才反應還夠快吧？」倆人不約而同地伸出大拇指。唉，我堂堂漢王，竟然被一個手下人威脅，想想實在憋氣啊！可有什麼辦法呢？現在就指望他幫我打項羽啦。

　　張良問我：「大王，您知道我這兩天不舒服，怎麼還派我去齊國出差啊？」我摸摸下巴，嘿嘿一笑：「剛才你那一腳使的勁兒挺大，把我踢疼了。」

楚漢兩國簽署停戰協議

編者按💬 漢軍和楚軍在滎陽一帶陷入膠着狀態，劉邦派出使者，說服項羽，楚漢雙方宣佈停戰。下面就是通告天下的《鴻溝合約》。

全天下所有國家和人民：

今天，西楚國和漢國正式簽訂停戰協議，並以鴻溝（古運河名，漢以後改稱狼湯渠）為邊界。鴻溝以西的地區全部歸漢國，鴻溝以東是西楚國領土。兩國友好，永不侵犯。

為了表示停戰的誠意，西楚將漢王劉邦的父親、老婆送還。

自協議簽訂之日起，西楚國和漢國永遠不再彼此侵犯。

立約人：西楚霸王　項羽

漢王　劉邦

×年×月×日

大王先別撤軍

尊敬的漢王：

以鴻溝為邊界的停戰協議剛剛簽訂，聽說您就想收兵回關中，我們覺得不能這麼做！

現在您已經擁有了全天下一半以上的土地，其他諸侯國的頭頭都聽您的指揮，而項羽卻恰恰相反，諸侯國都不幫他，他的部隊打仗打

得很累了，糧草也供應不上，所以才會跟您停戰。從天下形勢來看，這簡直是老天爺要讓項羽滅亡的時候。如果不乘勝追擊，那就像是在家裏養老虎，等他緩過勁兒來，再要收拾就困難了。

請大王考慮清楚，盡快做出決定。

臣　張良　陳平

獨家內幕　劃地封王為哪般

　　本報訊　前幾天，漢王劉邦特地給韓信、彭越二人分封了地盤。據記者了解，他這是為了讓這兩位兄弟全力以赴，一起攻擊項羽。

　　八月份剛跟項羽簽了停戰協議，十月份劉邦就翻臉了。趁着西楚軍向東撤退之際，他便派兵從背後發動襲擊。這下子可把項羽氣壞了。他立即回頭反擊，把漢軍打得大敗。據消息靈通人士透露，在偷襲項羽之前，劉邦曾向齊王韓信、魏國宰相彭越下過命令，讓他們一起配合自己，三面夾擊，可那倆人卻毫無反應，沒有派兵來，所以敗了。但在劉邦分封過地盤之後，兩邊的軍隊很快就投入戰場。

　　記者為此採訪了漢國參謀長張良。他介紹說，之所以會這樣，是因為韓信和彭越還沒有得到明確的封地。韓信知道自己這個齊王不是劉邦樂意封的，心裏有顧慮；魏國的地盤是彭越打下來的，現在魏王已死，他也想封個王啊，分塊地什麼的，但又不好意思明說。所以在劉邦攻擊項羽的時候，這倆人一直在猶豫，要不要幫忙。為此，漢王劉邦接受了建議，把齊國的地盤，加上韓信老家的周邊地區，都劃給韓信；再把原

先魏國的地盤劃給彭越。這一招果然很靈，委任狀下發沒多久，韓信和彭越就帶着大隊人馬來會合了。

（《九州縱橫》記者　謝兩句）

新聞快訊　垓下舉行楚歌演唱會

漢王五年（前 202 年）十二月 × 日晚，聲勢浩大的楚國民歌演唱會在垓下（今安徽省靈壁縣東南）隆重舉行。

這場演唱會的舉辦地點在漢軍大營，沒有豪華的舞台，沒有絢麗的燈光，沒有高檔的音響設備，但是參與性很強。不管是將領還是士兵，只要會唱幾句的都可以上場。漢王劉邦、漢軍統帥韓信從小就在楚國地區生活，他們也帶頭唱了兩首。雖然由於場地有限，並不是人人都能夠上台表演，但只要聽到熟悉的旋律，士兵們就自動加入演唱的行列。成千上萬的人齊聲唱歌，聲勢非常驚人，歌聲在夜空中久久迴蕩。

記者在漢軍包圍圈裏的西楚國軍營裏看見，雖然由於兩國存在的敵對關係，士兵們不可能到演唱會現場去觀看表演，但許多人都豎着耳朵認真傾聽，還不時低聲跟着唱起來。這充分證明了一句話 —— 音樂無國界。

演唱會期間，記者在楚、漢兩國軍營分別進行了隨機採訪。演唱會總策劃、漢國參謀長張良表示，雖然西楚軍被漢軍包圍，但是希望通過大家同唱一首歌，來減輕雙方的敵意，讓西楚士兵能夠主動加入漢軍這個大家庭，爭取早日結束戰爭，早日回到自己的家鄉。

和張良相比，西楚霸王項羽的反應要強烈得多。他十分驚恐地問記

故鄉啊故鄉……我的故鄉……何時能回到你身旁

者：「為什麼漢軍裏的楚國人這麼多？難道漢軍已經把西楚全部征服了嗎？」出於職業操守，記者嚴肅地拒絕回答他這個問題。

（《楚漢好聲音》記者　來一曲）

戰地報道 西楚霸王的最後一天

　　西楚軍在垓下被漢軍重重包圍，形勢非常不利。楚、漢兩國連續幾年的戰爭即將迎來最後的大結局！為此，本報記者特地對西楚霸王項羽進行了現場追蹤報道。

報道一·垓下突圍

半夜剛過，項羽被四面八方傳來的楚國民歌吵得睡不着，起來喝了幾杯酒後，決定立即逃命。為了縮小目標，他只帶了八百名親信騎兵，悄悄向南突圍。

報道二·陰陵迷路

天亮了，漢軍發現項羽跑了，便開始展開追殺。項羽一路血戰，渡過淮河後，身邊的衛兵只剩下一百來個了。在陰陵（今安徽省定遠縣西北）地區，項羽迷失了方向，於是向路邊一個農民問路。農民回答說：「向左轉。」可是向左沒走多遠，項羽他們就陷入了一片滿地雜草爛泥的沼澤地，前進後退都很艱難，他這才知道上了那個農民的當。眼看着就要被漢軍追上了，項羽當機立斷，向東撤退。

報道三·東城立威

到達東城（今定遠縣東城鎮）的時候，項羽身邊只剩下二十八個騎兵了，漢軍的追兵卻有好幾千人。項羽說：「我從起兵反秦，到現在已經八年了，經歷過七十多場戰鬥，從來沒敗過。今天困在這裏，不是我打仗打得不好，而是老天爺要殺我。現在我要證明給你們看看，我一要突出重圍，二要斬殺敵將，三要砍倒敵人的軍旗！」

項羽把二十八個人分成四隊，約好在山的東面分三處集合，然後朝四個方向衝殺。看見項羽殺過來，漢軍官兵十分害怕，一名將軍被殺死。眨眼之間，漢軍的包圍圈就被衝破，項羽和他的手下在約定的三個地方分別集合。

漢軍不知道項羽到底在哪個地方，只好把部隊分成三部分，分別包圍楚軍。見此情景，項羽再次衝進包圍圈，又殺死一名將軍，連殺了上百名漢軍官兵，然後把所有兵力集中到一處，察看了一下只少了兩個人。

項羽得意地問：「怎麼樣？」騎兵們佩服得不得了，異口同聲地說：「大王果然英勇無敵啊！」

報道四・烏江贈馬

在烏江（今安徽省和縣烏江浦）岸邊，項羽遇到了烏江村長。村長說：「江東（今江蘇南部太湖流域）雖然小，但也有一千多里地，幾十萬人口，照樣可以稱王。這一帶只有我這一條船，請您趕緊過江吧。追兵一到，就來不及了。」項羽笑得十分悲涼，說：「當年我帶着八千江東子弟，渡江西征秦國，現在沒有一個活着回來。即使江東的老百姓可憐我，還讓我當王，我又有什麼臉面見他們呢？」他把自己的烏騅馬送給了村長，命令所有的騎兵都下馬，手持武器準備和漢軍決一死戰。

報道五・烏江自刎

漢軍追到烏江岸邊，向項羽等人衝殺過來。項羽帶着二十六名士兵奮勇廝殺。在殺死、殺傷幾百名漢軍之後，最終只剩下了他一個人，身上也受了十多處傷。面對成百上千的漢軍，項羽鎮定自若地手持寶劍，指着漢軍中的一個熟面孔說：「你，不是我的老朋友呂馬童嗎？」呂馬童大吃一驚，仔細打量了這個渾身鮮血的大漢一番後，對騎兵軍官王翳說：「他就是項羽！」項羽哈哈大笑着說：「我聽說劉邦用一千斤黃金買我的頭，還封萬戶侯，我就把這好處送給你吧。」說完，他舉起寶劍，自刎了。

士兵們，退伍回家吧

奉天承運，皇帝詔曰：

現在項羽被消滅啦，我劉邦建立了漢朝，當上了皇帝。以前因為天下大亂，許多老百姓為了保護自己、保衛家園，拿起武器當兵打仗；現在天下太平，不用打仗啦！所以大家都退伍回家，好好種地搞生產吧！

為了給退伍士兵足夠的生活保障，我規定：士兵回家後，他們入伍前的房產、土地都要歸還，各級政府官員不許去騷擾或者打罵他們；那些有爵位的，或者七等爵位以上的退伍人員，都封以食邑，即一定的田宅等；七等爵位以下的，全家都不用交稅，也不用參加政府組織的義務勞動。

欽此！

項羽為什麼會失敗

今天，皇上在皇宮裏請朝廷高級官員吃飯。大家邊吃邊聊，高高興興的，就像當年一起打秦兵的時候那樣。聊着聊着，皇上突然問了一個問題：「大家來說說，你們覺得我為什麼能取得天下，項羽為什麼會失敗呢？」

大家喝了點兒酒，很興奮，一聽到這個問題，就七嘴八舌地回答：「皇上您為人大方，派人攻佔什麼地方，就把那塊土地賞給他了，大家給您出力有回報。項羽那人就跟您相反，看誰功勞大，他就陷害人家；看誰有才能，就老是懷疑人家要害他，這怎麼可能成功呢？」

　　皇上點點頭，說：「你們說的都對啊！但這些不是主要的原因。」

　　這還不主要？大家有點莫名其妙，一個個大眼瞪小眼，不說話了。

　　皇上喝了口酒，慢悠悠地說：「最重要的是我會用人。大家想想，要說在營帳裏制定戰略，決定千里之外戰場上的勝負，我不如張良；鎮守大後方，安撫百姓，籌集軍糧軍餉，我比不過蕭何；說到帶兵打仗，我不如韓信。這三位都是人中豪傑啊！我是因為合理使用他們，才能最終取得天下。而項羽呢？他只有一個智囊范增，卻老是不聽范增的建議，所以才會被我打敗啊！」

　　皇上話音剛落，宮殿裏就響起了一片熱烈的掌聲。

　　說實在的，一起吃飯的都是跟皇上一道出生入死很多年的人，誰都有一大堆的功勞，誰瞅誰都不服氣。可認真想想皇上這些話，真是有道理 —— 我們再厲害，如果不是蕭何搞後勤、張良定戰略、韓信總指揮，結果怎麼樣還真的很難說。皇上這麼表揚他們，我們有再大的功勞也不得不服氣啊！

（王陵將軍　口述　《洛陽晚報》記者　整理）

韓信報恩

　　今天的淮陰（今江蘇省淮安市淮陰區）城裏到處張燈結彩，喜氣洋洋，人們紛紛走出家門，到大街上去看熱鬧。因為，楚王韓信剛一上任就回老家來啦！

　　劉邦當上皇帝沒幾天，就把韓信的齊王封號改成楚王，封地也改成淮河以北地區。新的地盤比原先大，又離老家近，韓信心裏雖然別扭，但也不好發作。不過，淮陰百姓對這個消息表現出極大的熱情，跟外人說起來都是滿臉的自豪：「楚王是我看着長大的啊！」「楚王嘛，當年和我住對門的哦！」個個都恨不得跟韓信攀上十代八代的交情。

　　但是，韓信到達淮陰後，一沒參加老鄉們的歡迎酒會，二沒有到田間地頭視察農業生產，而是跑到城外河邊的一間破屋子裏，找到當年給他飯吃的那個洗衣服的老太太，送給她一千斤金表示感謝。淮陰縣長也當場表態說，近期內將撥款為老太太蓋一棟新房子，讓她安享晚年。

　　之後，韓信到淮陰縣衙與當地官員、社會各界代表會面，並派人尋找當年讓他鑽褲襠的那個無賴。作為唯一一個不為韓信當楚王感到興奮的淮陰人，驚恐萬分的無賴被帶到了縣衙。他趴在地上，小雞啄米似的磕頭請罪。當所有的人都覺得這個無賴小命不保的時候，韓信卻給了他一張治安官的任命書。面對記者的疑問，韓信認真地說：「這個人其實也算是條好漢。如果要殺他，當初他羞辱我的時候我就能做到。但殺一個無名小卒有什麼意思？所以我才忍了，就等着今天呢！」

（《大漢生活報》楚國記者站　謝一手）

五百壯士集體自殺

　　昨天下午，有漁民在某海島上發現了大批屍體。經調查發現，屍體共有五百多具，皆為自殺。

　　這個海島多年來一直是齊國領土。漢朝建立後，齊國末代國王田橫帶着五百多個部下逃到此處。前不久，劉邦派專人到島上宣佈赦免令，還邀請田橫到京城去做官。這才過去沒幾天，怎麼會突然發生這種大規模的集體自殺事件呢？

　　原來，田橫帶了兩個隨從進京，到距離洛陽三十里的驛站停下，說：「當年我和劉邦都是國王，現在他是皇帝，我是俘虜，這是我的恥辱。劉邦叫我去只是想看看我的樣子，現在砍下我的頭送去，應該還能看得清楚。」說完就自殺了。劉邦得知消息後很傷感，派人按國王的禮儀把田橫安葬了。葬禮剛結束，兩個隨從就在田橫墓旁邊挖了兩個坑，也自殺了。

　　田橫自殺的消息傳到島上後，五百多名壯士齊齊用劍抹了脖子，和他們的主人做伴去了。這種行為雖然不值得效仿，但還是很讓人感動啊！

1. 陳平用了什麼辦法讓項羽和范增產生矛盾？

   A. 行賄　　B. 反間計　　C. 寫檢舉信　　D. 苦肉計

2. 項羽在什麼地方被漢軍包圍？

   A. 垓下　　B. 彭城　　C. 滎陽　　D. 成皋

3. 「楚河漢界」指的是什麼地方？

   A. 烏江　　B. 黃河　　C. 鴻溝　　D. 淮河

4. 下面選項中，哪一個不是劉邦所說的「三傑」？

   A. 蕭何　　B. 韓信　　C. 張良　　D. 王陵

5. 海島上的五百名壯士是因為誰自殺的？

   A. 田橫　　B. 田都　　C. 田市　　D. 田榮

答案：1.B　2.A　3.C　4.D　5.A

中國
歷史報
秦

責任編輯　黃　帆
裝幀設計　黃安琪
排　　版　沈崇熙
印　　務　劉漢舉

主編
李樹芬　譚海芳

編寫
傅亦武

出版
中華書局（香港）有限公司
香港北角英皇道 499 號北角工業大廈一樓 B
電話：（852）2137 2338　傳真：（852）2713 8202
電子郵件：info@chunghwabook.com.hk
網址：http://www.chunghwabook.com.hk

發行
香港聯合書刊物流有限公司
香港新界大埔汀麗路 36 號
中華商務印刷大廈 3 字樓
電話：（852）2150 2100　傳真：（852）2407 3062
電子郵件：info@suplogistics.com.hk

印刷
美雅印刷製本有限公司
香港觀塘榮業街 6 號海濱工業大廈 4 樓 A 室

版次
2018 年 12 月初版
©2018 中華書局（香港）有限公司

規格
16 開（170mmX240mm）

ISBN
978-988-8571-81-9

本書繁體字版由中國少年兒童出版社授權出版。